熱血記者に転身した元少年兵の奮戦記

警察担当記者ならではの岩手の事件簿取材秘話

高橋孝雄

【元岩手日報社報道部長・東京支社長】

昭和30年 夏　遠野支局時代

昭和41年 5月　ハワイへ向かう岩手丸の船上にて

目次

はしがき

戦後七十年が過ぎ去ろうとしている。太平洋戦争を経験した海軍予科練の少年兵も、私たちが最後に近いかも知れない。若い頃は二、三十年も前のことでさえまるで夢の中の出来事のように感じられたものである。ましてや七十年も前のことである。今の若い人たちにとっては、戦争はまぼろしのことのように思えるだろう。かつて「戦争を知らない子どもたち」という言葉がよく使われたが、今や「戦争を知らない大人たち」が日本人の多くを占める。しかし、昨今の憲法改正を巡る動きを見ていると、「いつか来た道」を辿らなければいいが、と気掛かりでならない。日本人が三百万人前後も犠牲になった戦争の目を覆うばかりのあの惨状を経験した者は、誰もが生涯忘れることはできないだろう。私もわずか一年足らずの海軍での生活で垣間見た程度の経験ではあるが、身近に感じ取った戦争の現実を少しでも後世に伝えたいと思い筆を執った。これが回想録を書く第一の動機である。「少年時代」では、私の生い立ちとともに、少年兵として経験した戦争の現実が少しでも伝わるように書き記した。

戦争が終わり、少年兵の生き残りの私は、紆余曲折の後、岩手日報社の記者となった。

戦時中は一少年兵として、軍国主義に覆われ滅びゆく日本を目撃し、戦後は地方記者として焼野原から再興していく日本を目撃した。言わば、戦争と平和の両方を見てきたことになる。戦争は確かに終わったが、世の中は、表面的に見れば平和で物資が豊かになった一方、空襲で焼け出された人、肉親が帰ってこない人、両親が亡くなるなど、戦争によって家庭や心までが破壊された社会がもたらす、埋めることのできない悲劇が展開されていた。当時はこれらの問題をあぶり出すような記事を書こうと心掛けていた。「地方記者、駆ける」では、戦後の新米記者時代の日々や東京支社時代までのことを思いつくまま記した。

「警察記者時代」は、警察の機関誌「岩手の警察」の昭和四十九年の一月号から十二月号まで一年間執筆し、連載された「続・警察記者十年」から五編を選び、改めて手を加えたものである。昭和三十二年から昭和四十二年にかけて発生した、時代を映すような事件や県民にとって記憶に残る事件を振り返り、捜査や取材の裏側をドキュメント風に書いたものである。書かれている事件からは五十年前後は経過しているが、差し支えのありそうな人名等については、イニシャルや仮名を使わせていただいた。もしも不愉快な思いをされる方がいらしたならば、ご寛容のほどお願いしたい。

長く地方記者を務めていたが、一家三人殺人事件、全日空機墜落事故などめったに発生しない事件・事故にも遭遇した。しかし、一生に一度、あるかないかというような大災害が発生してしまった。四年半前に起きた東日本大震災である。いざ災害、事件となれば新聞社は総力を挙げて取り組む。そのために「百年兵を養う」わけである。地震のあの大きな揺れでとっさに、「これは津波が襲って来るぞ」と腰を浮かした高齢者は、昭和三陸大津波を体験した人たちであったようだ。間もなくテレビは巨大な「海」を繰り返し伝えた。その大暴力に誰もが屈したものの、憤りの向け先がなく、東京方面に住む友たちに、「岩手発」として「天も地も泣く」という見出しをつけて詳報を伝えた。同時に自分がまだ記者であるような錯覚に陥ったことも事実であった。

社員で犠牲になった者はいなかったが、日報の支局では流されたところもあった。混乱したであろう取材現場にあって日報では「被災者が本当に知りたいことは何か」と考え、避難所の取材にも力を入れた。翌日には避難者の氏名を地区別に紙面に掲載し、殺到する被災者の安否確認に貢献した。地元紙ならではのきめ細やかさが発揮された。六千人の顔写真、五万人の氏名と避難先を掲載するなど、日報の一連の報道は高く評価され、二〇一一年の新聞協会賞にも選ばれた。岩手日報社を退職して長い年月が経ったが、後輩たちの活躍を心から誇りに思う。

少年時代

一　プロローグ

昭和十九年七月の暑い日、空には真夏の太陽に照らされた入道雲が湧き立ち、ゆっくり東へと流れていた。家からほど近くを流れる豊沢川で魚捕りに興じながら、私の心には不安と期待が膨らんでいた。帝国海軍飛行予科練習生合格の通知が、この日の午前中に届いたのである。空を見上げては「飛行機に乗ってあの雲の中に突っ込んで行けたなら気持ちがいいだろう」などと考えながらも「小柄な自分にできるのだろうか」と自問自答を繰り返していた。頭をよぎった一つは、今年の春、二次試験で土浦航空隊へ出向いた後で立ち寄った上野駅で見た光景であった。濃紺の軍服（第一種軍装の冬服）をスマートに着こなした海軍の上級士官が、私の目の前をホームに向かって歩いていく。腰に短剣をつるし、錦で包んだ軍刀を片手に持ち、颯爽と通り過ぎて行くその姿が鮮やかに思い出されたのである。もう一つは、同じく土浦航空隊から帰る際に、「元気で来いよ」「待っているぞ」などと声をかけてくれた航空隊の先輩たちのことである。これらのことが私の心を揺さぶったのである。「もう後戻りはできない」と腹を決め、川から上がり学校や友達と連絡を取った。

「予科練に合格した。海軍に行く」

私、高橋孝雄（旧姓堀川）は昭和四年十二月十二日、花巻町下根子の九人兄弟の三男として生を受けた。父は、市三郎、母はヨシエ、祖母しん、祖父峰之助は壮年にして病死したと聞いた。兄弟は、長男、二男、三男の私、四男、長女、次女、三女、四女、五女である。「孝雄は幼少のころから大人しく、目立たない子どもで、一人静かに遊んでいて手がかからなかった」と母親は語っていた。私の現在を知る人々にとっては意外な事実かもしれない。

堀川家は明治の末ごろに福島県相馬市から花巻に移住し、養蚕と繭の仲買を営んでいた。自分の記憶に残るものが真実かどうか、今では証すべくもない。幼少の楽しかった思い出は淡い小さな夢なのかもしれない。記憶をつなぐと、国道4号線沿いに家があり、春から秋までの養蚕、繭の買い付け時は実ににぎやかであった。店の前に製糸会社のトラックが次々にやってきて繭を積む光景も見られた。国道4号線と旧国道の交差点に接する二階建ての民家を借りていたし、家の裏には繭の乾燥場や養蚕作業所も建っていた。

私が四、五歳の頃、朧に記憶しているのは祖母に連れられ、仙台の親戚へ行ったことだと思う。初めて三越デパートのエレベーターの蛇腹式の開閉扉に驚いたことなど、花巻~仙台往復の初旅はよほど嬉しかったようだ。この旅で今なお記憶に残っているのは、車窓から見た広大な伊豆沼の風景である。内陸部に生を受けた子どもには大変な驚きだった。なにしろ東京ドーム八十三個分ほどの広さの「水鳥の楽園伊豆沼」である。「これが海なのだ」と勘違いしたのも当然だったであろう。食い入るように車窓から見た伊豆沼の光景はこの世に生まれて最も古い記憶であり温かい思い出である。

父市三郎が私に語り聞かせてくれたものとして記憶にあるのは、堀川家が維新前、代々一刀流の師範だったということである。市三郎から見て祖父に当たる人は高さ一・八メートルほどの屏風を跳び越したといい、市三郎も柔術の心得があったようだ。相馬にいたころは家の長押や床の間に刀剣や槍なども置かれていたという。

昭和十一年四月、花城尋常小学校に入学した。堀川一家の住む地区は南城尋常小学校の学区だったが、地区民の多くは、「町の学校」である花城尋常小学校に入学させたいと願っていた。地区の有力者の働きかけで、自分も花城尋常小学校に入学できたようだ。当時の男子だけで一学級六十人くらいおり、男女別の教室で一学年六学級三百六十人ほどもいた。三年生からは増築した校舎に入った。二階建ての木造校舎で男女同じ階だったが、普段は男女の交流はなかった。ただ、行事では一緒であった。学区は南城尋常小学校だったが、あまり厳格ではなく、花城尋常小学校や花巻尋常小学校に通う子どもも多かった。

学校の行き帰りには、鉄工所、傘屋、下駄屋、太鼓屋、馬蹄屋など職人の仕事ぶりを眺めることができた。毎日見ていると様々なものがどんな工程で出来ていくのか学ぶことができた。そんなものだから、学校からの帰り途は一時間から一時間半もかかった。

小学校の低学年の時の担任は、つづり方に力を入れていた先生で、よく作文を書かされた。ある時「雪の日」という題の作文を書いた。「雪かきをする『ガリン、ガリン』という音で目が覚めた。寝ていた二階の部屋の窓から外を見ると辺り一面の雪景色である。国道を行き交う人々が一列になって雪道を歩いている。そんな初雪の美しい景色に見とれていたが、ふと新しい寝間着を着せられていたことに気が付く。母が寝ている間に着せてくれたのだ」という内容だったと思う。雪景色の美しさも書き、新しい寝間着の嬉しさも書いた。先生は「よく書かれている」とほめてくれた。その後、新聞記者になった時、自分には文才はないと思っていたが、記事を書くと「これでよい」とデスクは言ってくれた。振り返ると小学校の時に作文で鍛えられたことが文章力の素地を培ってくれたのかと思う。

「尋常小学校」から「国民学校」に名称が変わった小学校六年生の夏のことである。他の学校の子どもとの対抗意識も強く、北上川の河原で矢沢小の六年生と決着をつけることになった。大将格同士が出て喧嘩することになり、花城小からは自分が出ることになった。相手は体が大きく、小柄な自分は不利と思われた。しかし、喧嘩は始まってすぐに決着がついた。あっという間に私は相手を投げ飛ばし、馬乗りになり組み伏せたのである。しかし、この決闘には後味の悪い続きがあった。二、三日経って学校に警察から連絡があり、担任を通して警察に来るように言われた。何のことかわからず、一人で警察に行くと、

少年係の警察官に訊かれた。

「何某の舟を流したのはお前だな」

「ちゃんとしゃべらないと家には帰さない」

身に覚えはなかったが、家に帰さないと言われて、言われるままに認めると、

「まだあるはずだ」

と責め立てられた。

「何もない」

と答えても、

「誰それの畑から瓜を盗っただろう」

などと畳み掛けられた。その時、初めてあの喧嘩相手が悔し紛れに嘘を訴えたことに気付いた。証拠もなく少年を罪人扱いする少年係の取り調べに疑問を抱いたのを覚えている。

日が経つにつれ戦争の影が強くなっていった。


花巻国民学校高等科に入り、二年生になった昭和十八年夏のある日、教師から、

「ちょっと来い」

と呼ばれ、教員室に行くと、

「予科練に行け。試験があるから勉強しておけ」

と言われた。数日前に海軍横須賀鎮守府の将校が父兄を集め、予科練生の募集を行っていた。

私の父市三郎は真っ先に手を挙げたという。堀川家は九人兄弟のうち男が四人もいた。長男はすでに兵役を終えて家におり、どの息子も手元に置いていたいが、眼前の国難に際し残る誰かには軍隊に行ってもらわなければならない、と父は悩んでいたのだと思う。父の気持ちを理解し、俄かに勉強して一次試験を受けた。昭和十九年三月、海軍より二次検査出頭通達書が家に届いた。四月十二日に二次試験を茨城の土浦航空隊で行うので出頭すべし、との内容だった。

志望していた実業学校への進学はあきらめた。

二次試験に向けて土浦に出発する前、父から、

「どうもトモの容態が悪いようだ。試験が終わったら東京に行って様子を見てきてくれ」

と言われていた。当時、秋葉原に長女の姉夫婦と二人の子どもが住んでいたが、空襲を恐れて花巻に疎開することになっていた。次女のトモも東京に住んでおり、国際電話局に勤めていたが、結核を患っていたのである。

四月十一日、二次試験のある茨城の土浦航空隊へ向けて花巻を出発した。花巻からは四、五十人受けたうち、一次試験に合格した四人とともに常磐線の汽車で行った。陸軍の戦車部隊も受けたかったが、家の皆から反対された。戦車は最前線に投入される。戦争はすでに激烈を極めていた。二次試験は、椅子に腰かけてぐるぐるとまわり、止めてからすぐに立って、円形の範囲にまっすぐに立てるかどうかを見る適性検査や体位測定などが行われた。試験を終えて基地から出ようとすると、「若鷲の歌」がどこからともなく聞こえてくる。見ると七つボタンの濃紺の予科練の服装の先輩たちが向こうからやって来る。外出から基地に戻って来るところだった。

「待っているぞ」

「頑張れよ」
などとすれ違いざまに私たちに声を掛けてくれ、感激したことを思い出す。

試験の後、東京へ姉トモの見舞いにいった。花巻の友人とともに、上野から山手線に乗るとすぐに秋葉原に着いた。昭和通りを姉の家に向かって歩いて行こうとすると、袖を突然掴んだ者がいた。驚いて振り向くと父の市三郎だった。直ぐ近くには母のヨシエと姉の姿もあった。その時すでにトモは亡くなっており、宮内庁に勤めていた夫が郷里の四国へ姉の遺骨を持って帰るのを、見送りに行く途中だったのである。広い東京で行き合った偶然に親子の縁を感じたものである。

二　予科練時代

昭和十九年七月、合格通知が届き、予科練に正式に入隊することになった。出発が近付いたある日、親戚一同がわが家に集まり、立振舞（壮行会）を開いてくれた。国民学校の恩師も招かれ、私に「不惜身命但惜身命」の言葉を送ってくれた。本当に命を惜しまない人は、命を大切にするものだと説いてくださった。生涯忘れられない言葉となった。

昭和十九年十一月、県内の予科練合格生が一関駅に集結した。集まったのは三十人ほどで、四分隊に分かれた。兄夫婦が見送りに来た。私が海軍飛行予科練習生として家郷をあとにする日であった。既に三日前に鳥谷崎神社での合同祈願祭に出席し、この日も自宅近くの神社で祈願してもらっていた。晩秋の空は澄み渡り、木枯らしがほおに冷たい朝だった。

列車は上野、東京を過ぎて、浜名湖を通り、愛知県岡崎市の練習航空隊を目指した。第七期の同期生は全体で六百人ほどだったと記憶している。十一月十五日夕方、岡崎の隊に到着した。

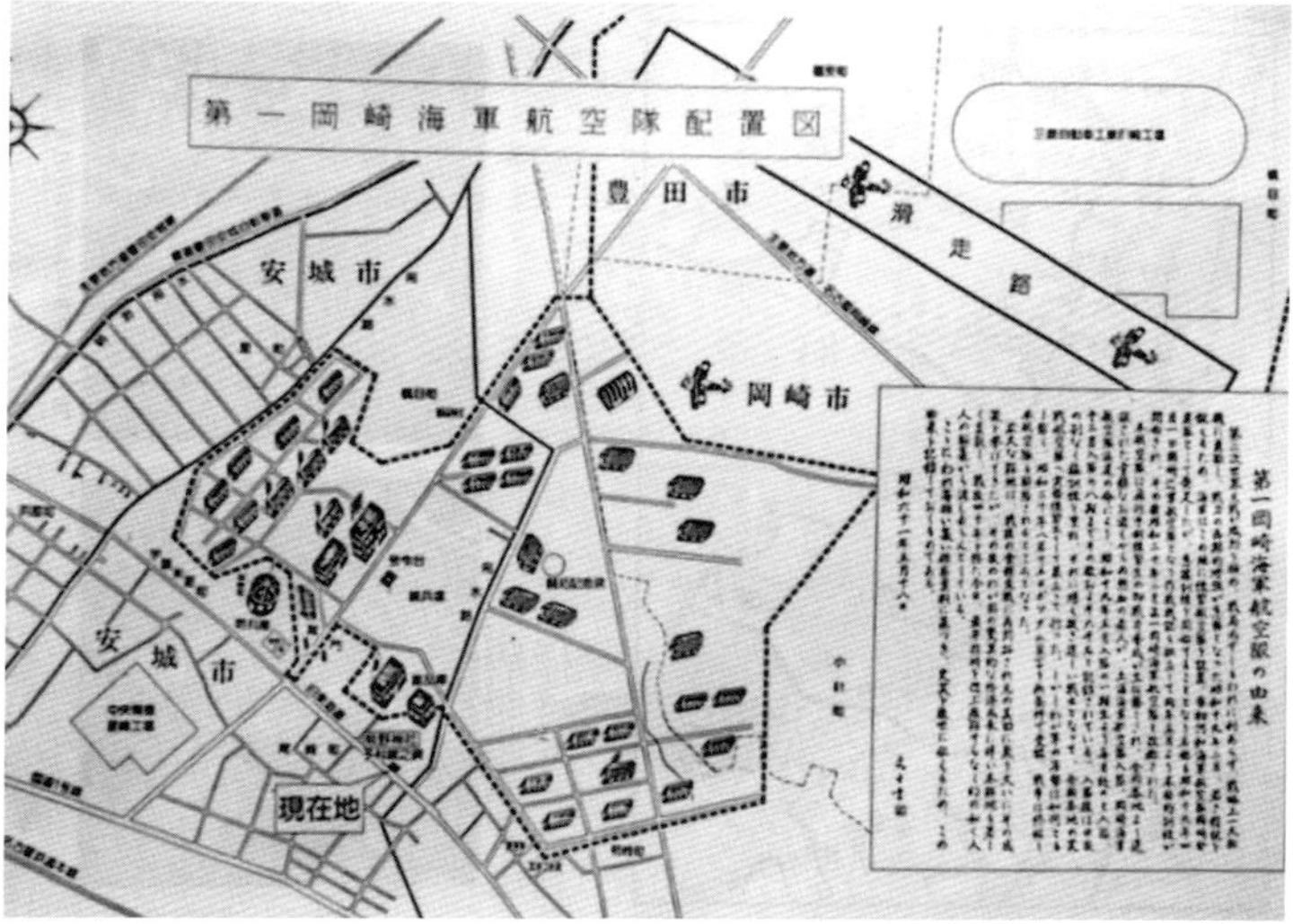

人影もまばらな寂しい航空隊だった。門を入るまではお客扱いだったが、七つボタンの第一種軍装が支給されたと同時に上官から、

「よく聞け。お前たちは、明朝から厳しい生活を送らなければならない。どんな行動にも組織で動く事になる。他の練習生をよく見習い、朝の総員起こしから夜寝るまでの巡検のラッパを間違えないように。そして号令を少しでも早く覚えるよう努力しなければならない」

などと厳しく告げられた。その上官の肩には三年に一回加えられる「善行賞」が三本もあった。

「ここは娑婆とは違う。俺はメシの数が違うのだ。明日からは練習生としてついて来い」

とも話していた。その後、にわか作りの兵舎に四個分隊は分かれて入った。岡崎航空隊は後に第一岡崎航空隊と名称が変わり、隣接して第二岡崎航空隊が置かれた。他にも海軍航空隊があり、次々とゼロ戦はじめ一式陸攻、天山などが発着しており、改めて身が引きしまる緊張を覚えた。岡空の周辺は、戦国時代を偲ばせる岡崎城や矢作橋などがあり、前線基地としての色が濃くなっていた。

訓練は、説明であった通り厳しく団体行動が義務付けられ、精神的にもつらいものがあった。モールス信号、手旗信号、海軍体操などの訓練が毎日行われた。しかし、中には食事の時間や授業の時間に遅れる者があり、それがそれぞれの班の統制を乱したとされて、班長による制裁が行われた。制裁は全員に対して、「前支え」と言われる腕立て伏せ、尻を「精神棒」で叩くなどであった。他にも、発電機の先端の針金を握って十人くらいずつ感電させる制裁もあり、かなりの電圧に舌が上下に震えるほどであった。あるいは、長距離ランニングの制裁もあった。

別棟にある風呂の帰りやベッドに入って窓から差し込む月明りを見て、親兄弟のことを思い出すこともあった。故郷の風景で目の前に浮かぶのは生家から見える早池峰の山々だった。

岡崎航空隊に入隊して間もない、十二月七日十三時三十五分、昭和東南海地震が発生した。震源は熊野灘沖、マグニチュード七・九の大地震であった。岡崎基地でも建物が大きく揺れ、棚に置いていた私物や箱などが次々に落ちてきた。次の日曜日に初めての外出許可があり、愛知県安城の街に出て歩いてみると、土蔵の壁が崩れたり多くの民家が潰れたりしており非常に驚いた。かなりの被害が発生していると感じたが、新聞もラジオもほとんど伝えない。戦時下であり戦争に対する国民の士気が弱まると考え、報道が統制されたのである。戦後明らかにされた被害は、死者九百九十八人、負傷者数千名、全壊家屋は二万六千百八十戸、半壊家屋三万余という大災害だった。三重県尾鷲市には六メートルもの津波が押し寄せ多くの流失家屋を出したという。余震は三日も続き、市民は十二月の寒空に莚の上で眠られない不安な夜を過ごした。「神風が吹くと言っているが、日本軍が余りにだらしなく負けるので、神様が怒って天罰を下した」とこの地方の人々はこっそりと嘆いたのだという。

入隊して三カ月が経った頃には、航空二等兵から一等兵に進級し、月に一回位の割合で日曜外出ができるようになった。制服・制帽を着用して写真屋に行き、故郷に写真を送った。

ある日、慰問団の一行が基地を訪れ、芝居や踊りを隊員たちに披露したことがあった。幕間に前の席に座っていた二級上の先輩のK氏がふとこちらを振り向いて、

「どこから来ているのか?」

と問いかけてきた。

「東北から来ました」

と答えたら、

「東北のどこか?」

「岩手です」

「岩手のどこだ?」

「花巻です」

「じゃあこういうところは知っているか?」

などのやり取りの中で、自分の父親が親しくしている人の息子だったことが分かった。さらに、その人の兄が自分の二番目の兄と同級生だったことも分かった。K氏は花巻から満蒙開拓義勇団の一人として満州に渡り、現地で予科練に応募して岡崎海軍航空隊に入隊していた。満州グループは関西出身者が多かったので、望郷の念が強かったことだろう。同郷の者がいないか芝居で集まったときに聞いてきたのだ。戦後、国立盛岡工専(現在の岩手大学工学部)に進み、岩手県職員に採用され環境保健部などで働いていた。岩手日報に入社して、県庁を訪ねた時に廊下でばったり会い、懐旧談に花を咲かせたものである。

昭和二十年四月、当時航空燃料が不足してきており、松の根から出る油「松根油」を全国から集めていた。予科練でも教程をストップして、労務と助言のために現地に派遣されて手伝ったこともあった。それぞれの集落で松の根を掘り起こし、その根を集めて蒸し焼きにして、油を取り出す作業である。私は、たまたま故郷の岩手県に派遣された。水沢の旅館に一泊して、翌日出発までに時間があったので花巻の実家に戻った。上官が私の実家が近いことを知り、

「行って来い」

と言ってくれたのである。死んで帰ると思っていた家族が喜んで迎えてくれた。

初めに胆沢町の若柳で任務を行い、次に一関市の萩荘に移った。二カ月ほど岩手県に滞在していた。その間、再度花巻の実家を訪ねた時に、母が腸チフスで入院していた。見舞いに行ったところ、やせ細って黒ずんだ顔でベッドに寝ていた。母はかなりの重症だったが私が病院に来てくれたことを喜んでくれた。もう生きて会えることができないだろう、二度と顔を見ることができないだろうと思い帰路についた。胸の塞がる思いだった。終戦後、九月一日に復員して実家に戻った時に、私を迎えてくれた家族の中に母の顔が見えた時、無上に嬉しかったのを思い出す。

偶然とは言え同郷の者と部隊で出逢ったり、故郷に戻ったりできたことは、恵まれていたことだったと思う。

松根油の任務を終えて岡崎基地に戻ると、すでに岡崎の町は、米軍による焼夷弾の攻撃で焼け野原になっていた。名古屋も空襲を受けていた。翌日は焼け跡へ向かい、後片付けをした。あちこちの防空壕の中で焼け死んでいる人もおり、悲しい情景が多く見られた。中には、焼夷弾が不発となりそのまま転がっていたものもあり、それをスコップで壊すと、中にはガソリンに似た匂いのするゼリー状のものが入っていた。落ちるとこれに引火して四方に飛び散って火災を引き起こしたのである。やがてＢ２９の本格的な空襲が再三繰り返されるようになり、この頃のある夜、名古屋上空の方向を見ると、三十キロ近くも離れているのに夜空が赤く染まっていた。岡空の数台の高射機関銃がＢ２９に向かって発射されたが、あまりにも高度があり、弾は届かなかった。それでも総指揮に当たっていた航空隊の副長は、

「撃て、撃て！」

と盛んに命令を下していた。

その後、岡空を含む名古屋近辺の飛行場には、米軍機により小型爆弾や機銃掃射の攻撃がされ、その都度隊員は防空壕に避難した。そうしたある日、岡崎の上空で日本軍の戦闘機が米軍の航空機群に向かって攻撃した。そのうち一機が落ちてきた。米軍機だと思い、

「やったぞ、撃墜した」

と喜び始めたが、だんだん近くなってくると落ちて来る機体には、日の丸がついているのが確認できた。誰もが押し黙った。落ちる航空機からパイロットの落下傘が開きかけたが尾翼に引っかかり、機体から離れて人が落ちてきた。即死だった。

またある日の午後、名古屋~岡崎のライン上空を通って関東方面へ向かう米爆撃機を護衛している艦載機編隊が、途中の岡崎基地に舞い降りて、周辺の飛行場に攻撃を加えてきた。警報が発令され全員退避し、それぞれ近くの防空壕に入って、攻撃が終わるのを待った。私は、ちょうどその時、班長に書類を持って帰る用務を頼まれ、兵舎を離れていたところだった。このため、防空壕に退避するのが遅れてしまった。防空壕の入り口まで五十メートルほどのところで艦載機が爆音とともに低空飛行で飛ぶと同時に機銃掃射をしてきた。私たちの兵舎も被弾した。逃げ遅れた私の足元にも敵機の銃弾が「バラバラ」と土煙を上げて、間一髪通り過ぎた。足元に銃弾が来た時は観念した。防空壕へ入ると同時にまた敵機が戻ってきたが、暗い防空壕の中、四、五十人の仲間の頭の上を無我夢中で走った。足元から「いてっ」と声がしたが、気が付いたときには、防空壕の一番奥に収まっていた。外では小型爆弾が投下され、その時二十メートルくらい離れた所の防空壕全体が二十センチほど浮き上がるような衝撃があった。兵舎の屋根や棚にも被弾し、航空隊の台所の施設の煙突も砕け散っていた。数機の艦載機の攻撃に何の抵抗もできないままであることに誰もが断腸の思いであった。

昭和二十年七月のある夜、全員集合の合図で練兵場に集められ整列した。重大な任務が命ぜられ、私たちの運命が大きく変わることとなった。分隊長の訓示が始まった。そのときは、「特攻隊」と言う表現は使われなかったが、「特別な任務」、「三浦半島の基地への異動」という話で直感的に、特攻の命令と分かった。

「一歩前へ。これはおのおの個人が判断することだが、祖国を守るため、急いで体制を整えたい。従って、庶子の早急な判断を求める。すでにこれまでの経緯によって理解できるはずだが、改めて要請するものだ。今度の人事異動は、重大な決意が含まれている」

と言う意味の伝達があった。特攻隊として一身を国に捧げる時が来たのである。すでに夜に入って厳しい口調で述べられたことなどから、異例の命令が出されたと誰もが理解したと思う。分隊長は続けた。

「三浦半島の基地での特別な任務の命令がある。それには、この分隊から三分の一くらいの人数が対象になる。よって、この命令に従い、参加する者は一歩前へ」

しかし、練習生は、実践の訓練の期間もわずかなもので、どんな力を発揮できるか不安だった。上官から発せられた任務の内容が不明であるだけに、どう判断すべきか不安の声が漏れた。

その時、上官がぽつりと
「行けば分かる」

と述べた。それぞれは、どう身を処するか苦悩する者、「もう覚悟はできている」と決心を固める者など、深いため息が夜の練兵場に流れた。

「もう時間がないぞ」

との三度目の上官の声に一歩前へ出た者、うつむいたまま動かない者、沈痛なひと時であった。私は考え続けたが、なかなか答えを出すことが難しかった。自分の非力さに疑問があったのである。そのうちに一定の人数が意思表示をし、それ以上の要請はなかった。

ただちに特攻隊を志願した者は三浦半島に行き、さらに特攻隊を志願しなかった仲間は北海道と樺太へ向かった。私は、北海道行きとなったが、東京をはじめ太平洋側の沿線各地は空襲で列車が動かないために、岡崎から長野を回って日本海側を通って移動せざるを得なかった。北陸の各都市も次々と焼け野原と化していたが、かろうじて日本海側は列車を通過させることができた。夜は列車の窓も灯火管制に従い、スクリーンを下ろしてひたすら青森へと走った。

汽車に揺られ、様々な事が胸に去来した。半年余り前、岡崎海軍航空隊に配属されたものの、すでに訓練に使う飛行機はなく、一度もあこがれの大空を飛翔することはなかった。海軍飛行予科練とは名ばかりで、予科練としての教育課程すらも中止され、松根油集めや燃料輸送などの用務に奔走する毎日であった。アメリカ軍の空襲は熾烈を極め、東京はすでに三月の大空襲で焼野原となっていた。ようやく帰った岡崎では、自分も足元に敵機の機銃掃射を受け、九死に一生を得た。基地も打撃を受けた。名古屋の街も灰燼に帰していた。そして、今北海道へ向けて移動する車窓から見える北陸の都市も空襲で見る影もない。それまでは純粋に日本は負けるはずがないと信じていた。しかし、地方都市まで空襲を受け、壊滅的な状況を目の当たりにして、日本は最終的には負けるのではないか、戦争に負けた時はいったいどうなるのだろうか、と不安の波が幾度も胸に広がり、その度に考えるのをやめていた。そう言えば、今向かっている北海道のどの基地に配属されるのかさえ知らされていない。そして、いずれまた特攻の要請があるはずだ…。

青森へ着くと連絡船に乗せられ、津軽海峡を進んだ。海峡の海では米軍の潜水艦が出没しているとの情報があったが、無事函館へ着いた。札幌を通過し、網走に近い女満別の海軍航空基地の兵舎に入れられた。

荒涼としたどこまでも広い風景、トドマツなどを見て北海道へ渡ったという実感が湧いた。夏のオホーツク海からの風を受け、再び実戦訓練の日々が始まった。航空食料をはじめ、美味しいものをふんだんに食べる事ができ、ハンモッグ（つり床）・毛布などの寝具も新しい上質なものばかりで、ほっとしたことを覚えている。女満別はすでに日本海軍の陸上攻撃機が数機配備され、アリューシャン列島の敵基地に送り込む段取りが進められていると思った。毎晩、八時過ぎになると、一式陸攻、九六陸攻による攻撃訓練が続けられた。私たちは、その訓練している陸攻に、オクタン価の高いガソリンを補給する燃料車の運搬作業に従事した。

三　終戦、そして帰郷

上官による制裁もほとんどなくなり、比較的ゆとりのある日常を送っていた。そんな八月のある日、誰からともなく、「明日、十五日正午に重要な放送がある」という断片的な情報が伝わってきた。「また移動することになるのかな」などという程度に考えていた。

翌十五日も朝から私たちは、従来の用務である航空燃料の運搬を行っていた。「重要なラジオ放送」が気になったのを覚えている。午後になって兵舎に帰ってから「終戦」の話が時間を追うごとに聞こえてきた。「どうやら戦争が終わったらしい」ということが上官から非公式に伝えられた。

女満別航空隊では、私たちの他に四十人前後の召集兵の人たちが土木工事などに従事していた。この人たちが夕方頃からざわめき始めた。夜には米軍が網走に上陸してきたという話や「海軍の士官同士の切り合いが始まった」などのデマまで飛び交っていた。岡崎、名古屋、日本海側の各都市のすさまじいまでの空襲を目の当たりにしていただけに、「やはり敗戦になったのか」と受け止めざるを得ない気持ちだった。もし、本当に負けたのであれば、耐え難い悔しさとともに、心の片隅では「これで家に帰れるかもしれない」という明るい展望が開けつつあった。

やがて、海軍省から一人の参謀がやって来て、敗戦通告が全員に伝えられた。自分の荷物や貴重品の受け渡しが行われ、ようやく終戦の実感が湧いてきた。戦争に負けた悔しさと家郷に向かう事ができる嬉しさが交錯する気持ちだった。八月末から九月の頭にかけて帰ることになり、肥育していた鶏などを処分したり、缶詰などの食料を分配したりしていた。

九月一日、敗戦から半月ほどで復員が実現した。女満別から三十人ほどが列車に乗り込み、旭川に向かった。その途中、真夜中のことだったと思うが、名も知らぬ小さな駅のホームに乗り換えのため下車した。皆で次の列車を待つ間、限りない敗戦の悔しさから、誰からともなく、

「十年後の今日、集まろうじゃないか」

という提案があって、拍手が真夜中のホームに響いたのを記憶している。列車の進行とともに、家族などのことが心配になって、会えることを願い、心が揺れ動いた。身の周りの寝具を詰めたズック地の袋がかなりの重さになっており、連絡船が岸壁を離れた時は皆笑顔でそれぞれが故郷へ向かった。青森駅で予定通り列車に乗り継ぐ事ができた。青森駅前で僅かな時間、辺りを見回して見た。青森の街はやはり空襲でやられ、大変な悲劇が伺われた。しかし、町を行く人たちはこれまで白いものを身にまとうことが禁じられていただけに、ワイシャツを着たり、スカートをはいたりしている市民の明るさが新鮮に目に映った。

やがて東北本線の上り列車に乗り込んだが、ゆっくりとした進行がもどかしく感じられた。しかし、その頃には軍人と一般市民の垣根がなくなり、満員の列車の中では盛んに情報交換が行われていた。乗客の中で「花巻もかなり被害を受けた」という話が聞こえて来て、驚いて詳しく話を聞いたが、花巻では小型機による夜間の空襲で黒沢尻（北上市）に近い辺りが大きな被害だと教えられた。爆弾は焼夷弾よりも殺傷力があって、被害は深刻なものであろうと直感した。万が一、けがでもしていたら母は実家に移っているかもしれないと考えた。

夜九時過ぎにようやく花巻駅に到着した。花巻周辺の仲間たちも重い荷物を担いで夜の道を急いだ。私は、兄が日通に勤めていることでもあったので、荷物を日通の事務所に保管してもらい、焼け跡の道を進んだ。しかし、自分の進む道がなかなかわからず、焼け跡に岩手殖産銀行（現岩手銀行）の焼け爛れた金庫が見つかったので、行き過ぎたことがわかり、道を引き返して国道をわが家のある南へと向かった。あと四、五十メートルというあたりで、明るい街灯が点いているのに驚き、ここでは被害はなかったのだと分かり、重い足も一層軽くなっていった。十時過ぎに家に着いたが、足音で分かったのか、家族全員が姿を見せ、先日まで病床にあった母が喜んでいる顔も見えて安心した。

「海軍飛行予科練習生」とは何だったのだろうか。今になって振り返ると、戦局が厳しくなり、新しい事態に備え陸軍が先に若い志願兵を集めたことで、海軍も危機感を持ち、少年兵を集めたのであろう。当初は育てようとはしていたのだろうが、いわば青田刈りのようなものだった。訓練もまともにできず、所詮我々のような子どもは航空戦力にはならなかったのである。そこで海軍が考えついた作戦の一つが人間機雷「伏龍隊」という水中特攻隊である。昭和二十年五月から急きょ養成された部隊で、連合国の本土上陸に備え、潜水服に酸素ボンベを背負い海底に潜み、約五メートルの竹竿の先についた爆弾を上陸舟艇の船底に接触させて撃滅させようという作戦である。我々予科練生でも岡崎で特攻志願を迫られたあの夜、「一歩前へ」出た者の中には伏龍要員となった者がいる。訓練中の犠牲者も多く、北上出身の予科練生も砂山に生き埋めになり亡くなった。戦後、仲間の一人が遺骨を遺族に届けた。私も墓参に訪れ冥福を祈った。この無謀な作戦が実行に移される前に終戦を迎えたのはせめてもの幸いであった。軍隊であっても人間の命を預かる一組織である。死ぬことが前提の作戦を繰り返せばやがて戦力が底をつくのは明白である。もっと合理的な目標に向かって、行動ができなかったのであろうか。戦争末期には既に海軍の組織は混乱の中にあったのだと思う。当時、岡崎基地が無意味としか思えない再編を繰り返したことも、瓦解の予兆だったのであろう。

私達が北海道で任務に就いていた頃、中央ではポツダム宣言を巡り、受諾か拒否か、御前会議が度々開かれていた。時の海軍大臣は盛岡出身の米内光政である。盛岡の先人記念館には宮澤賢治や原敬などの盛岡ゆかりの人々が百三十人顕彰されているが、唯一人、軍人が天皇陛下から下賜された硯箱とともに紹介されている。それが米内光政である。天皇の意に沿い米内海軍大臣は戦争の終局に際し、本土決戦を主張する勢力に対し和平を粘り強く説き、ポツダム宣言受諾の道を開いた。本土決戦となっていたならば、原爆がさらに日本各地に投下され、想像を絶する犠牲の末に日本は滅亡していたであろう。昭和二十年八月十四日、最高戦争指導会議でポツダム宣言を受諾し終戦が決まった。その年の十二月、宮中に米内を召した天皇陛下は涙ながらに米内をねぎらい、愛用の硯箱を直接手渡したという。岩手出身の米内が陛下を最後まで支え、日本を救ったことをここに記しておきたい。

地方記者、駆ける

一　戦後、模索の時代

復員して二、三週間が経ったが、終戦のショックが尾を引いて、全身の力が抜けてしまい、何もする気になれなかった。私と同じ予科練に入隊した隣の幼なじみも既に復員していた。彼は、私の分隊の隣の第二岡崎航空隊に配属され、私よりも一月ほど早く入隊していた。終戦後、分隊が解散する際に手当が支給されていたので、一緒に花巻温泉に行こう、ということになった。初めは「松雲閣」という花巻温泉でも最上級の旅館に泊まり、三日ほどゆっくりしていた。しかし、懐が心細くなってきたので、安い宿（「青葉館」だったと思うが）へ移り、さらに三日ほど泊まった。

のんびりと温泉で過ごして実家に戻ったところ、町役場から進駐軍に奉仕してほしいとの要請があり、各家から若い連中が駆り出された。花巻温泉を進駐軍が宿泊施設として使用するということで、旅館の周囲の清掃や草むしりを行えというのである。数日前に逗留していた花巻温泉には、米兵がたくさん集まっていた。草むしりをしながら窓の中を覗き込むと、床には絨毯が敷かれ、部屋にはきれいに花や家族の写真が飾られ、小型ラジオからはジャズと思われる音楽が流れていた。「昨日は客、今日は用務員か…」と一人呟いた。敗戦の現実が目の前にあった。

昭和二十年九月、花巻の矢沢の叔父宅、つまり母親の実家に居留することになった。一年ほど叔父一家と生活を共にした。叔父は農家だったが、博学で、地域の方たちに信頼が厚かった。私は、その間に叔父に教えられながら、農業の全般を体験した。地元の青年たちとも親しく交流した。屋敷内厩に馬を一頭飼育しており、これが力仕事の原動力となっていた。馬に乗り山野を駆け巡る楽しさも知った。田植えから、収穫の歓びや辛い農作業の厳しさ、冬の暮らしまで、農業の厳しさをのぞき見たことで、これが後々の自分の得難い経験となった。

学校に戻るという選択もあったが、花巻のある工場に就職した。一年ほどいたが、毎日単調な仕事だったので、他に自分を生かす仕事がないかと思っていた。嫌々ながらの仕事だったので、会社の方からも退職を勧告され、辞める事にした。しかし、長兄の力で就職できたものなので、世話した人たちに顔向けができないと兄に叱られるだろうと覚悟した。だが、長兄は何一つそのことについて、触れようとはしなかった。それがかえって辛く身に沁みるものだった。

昭和二十三年、次に長姉の世話で国鉄に入社した。検車区に配属され、ここなら充実した仕事ができそうだと感じた。しかし、実際に働き出すと汚れた列車の掃除や窓ガラスの洗浄などが主な仕事で、つらく悲しいものであると実感した。一年ほど働き、兄や姉の世話で仕事にありついたものの、結局国鉄の人員整理で解雇者の一人となるはめになった。

こんなことを繰り返していれば、自分は駄目になると思い、どんな苦しい仕事でも全力を尽くして働かなければならないと考えるようになった。ちょうどその頃、長兄が啄木の本をくれた。この啄木の本から人間のあるべき姿を悟ったのである。

昭和二十四年、成人式を迎えた。成人式のための服を三女の姉から贈られた。日本での成人式そのものが始まった年でもある。そうしてまた、ある人の世話で生活必需品組合に就職した。品物を店舗に持って行ったり、事務の手伝い、注文を聞いたりするなど、雑用もこなしたりしながら二年ほど働いた。こうした経験によってどんな汚れた仕事でも、自分はそれを原点として進むべきだと考えるようになった。この頃、青年会活動が活発に行われ、若者たちの交流によって、多くの人たちと仲間になった。

花巻の町はずれに駄菓子屋があった。戦後の食糧難の時期にその駄菓子屋のおばさんが、店先の縁台でたいそう疲れたようすで休んでいる老人を見かけたそうである。心配になり、家で飼っていたヤギの乳を搾り、その老人に飲ませた。老人は立ち去ったが、その後もしばしば駄菓子屋に立ち寄るようになり、おばさんはその度にヤギの乳を搾ってあげた。そのうちに老人は姿を見せなくなったが、ある日ひょっこりと顔を見せ、「長い間貴重なヤギの乳をいただきありがとうございました。今日は最後です。これはお礼のつもりです。受け取ってください」と言って一枚の封筒をおばさんに渡した。その後、しばらくその封筒は、家の引き出しの奥にしまわれたままだった。十年近く経ち、新聞記者となった私が花巻の実家に立ち寄った時、たまたま居合わせたそのおばさんが封筒を家から持ってきた。その封筒には厚めの和紙が入っており、開くと墨痕鮮やかな詩歌が現れた。題名は「一億の号泣」であった。封筒の裏には「高村光太郎」という名前が力強い筆跡で書かれていた。

高村光太郎

高村光太郎は著名な彫刻家高村光雲の息子で詩人にして彫刻家である。その後、「一億の号泣」の詩は広く知られるようになった。駄菓子屋の「一億の号泣」は、ある日訪れた「観光協会の者」を名乗る男に乞われて貸したまま、行方はようとして知れない。

さて、光太郎は、戦災でアトリエを失い、花巻病院長の佐藤隆房氏の元へ疎開していて、花

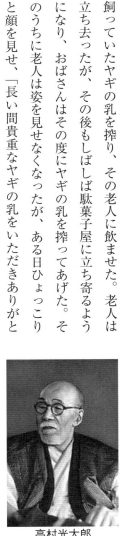

巻の文化人とも親しくしていた。花巻の青年たちと話をしたい、と伝えてきた。さっそくできて間もない公民館に集まって話を聞いた。その時、光太郎が、

「私が欲しいのは、黄色に透き通った飲み物と牛の尻尾のスープです」

と言っていたのが印象に残っている。青年たちは尻尾からそんなスープができるとは知らず、光太郎先生の冗談じゃないかと笑っていたが、それが後々フランス料理の一つであることが分かった。

そのうちに、新聞社の人たちとも知り合い、「手伝ってくれないか」と言われ、時間のあるときには、花巻の出来事など、自分の分かっていたことなどを文章にして届けたこともあった。

ある時、花巻の西鉛温泉の近くに豊沢という集落があり、「辺境の地」と言われていたので一度見てみたいと思い出向いた。そこに着くと豊沢川のほとりの広場で集落の人たちが賑やかに歌い踊り、子どもたちを含めて楽しんでいた。リーダーの人に聞いたところ、

「ここには間もなくダムができ、この集落は湖底に沈むことになっている。これが最後の運動会です」

と教えてくれた。そこで写真を撮って帰り、様子を文章に書いて岩手日報に届けた。また、この豊沢集落には、マタギと呼ばれていた猟師で鉄砲の名人がいて、それまでに四十数頭の熊

を仕留めたという話を聞いたので、珍しいと思いインタビューをしてそれも文章にして送り届けた。これらのことも入社するきっかけになった。後になって分かったことだが、こうした文章を当時の編集局長のK氏が編集して社会面を飾っていた。K氏は、朝日新聞の整理部から戦時中の新聞統合があって、出身地の新聞社である岩手日報に移り、新聞編集に携わっていた人である。K氏は人々の心に沁みるニュースが大好きで、名文の見出しをつけることで有名だった。このK氏の肝煎りで「岩手日報に入社しないか」という誘いがあった。岩手日報には、専門学校や大学を卒業した優秀な人材が多かったので、自分には無理だと考えていた。兄と相談したが、当時新聞記者は社会的な評価の低い仕事と見られがちだったので、兄は新聞社への就職はあまり勧めなかった。しかし、最後には、

「岩手日報ならいいだろう」

と理解してくれた。強い誘いで面接を受け、K氏からも、

「しっかり頼むぞ」

と言われ、その翌日から警察担当の記者となった。

二　岩手日報入社　～新人記者時代～

当時、新人記者は、「サツ回り」と呼ばれる司法（裁判所、検察庁、警察署）担当から始まることが多かった。毎日の事件・事故などの取材を通して、記者としての基本を身に付け、法律や組織の仕組みを理解することができる。また、人との接し方を覚え、幅広い人脈を築くことが、迅速で奥行きのある記事が書ける記者の育成につながるからである。まず朝、「鑑識」の部屋に行き、前の晩何かなかったかを探る。鑑識課においてある七つ道具が入っている大きなカバンがあるかどうかを確かめるのだ。そして、前の晩の当直刑事と顔を合わせて夜間にどんな事件があったか聞き出すことも大事なことだった。だいぶ慣れてくると前夜の宿直刑事の無言の合図を受ける手法を使えるようになる。宿直が終わって宿舎に帰る刑事から全て聞こうとすれば相手にされない。一人から一つ聞くだけで成功と思ったものだった。また、刑事、取り調べ主任など最前線の警察官の言動に注意し、また、署長、副署長や県警本部の部課長にも注意が必要である。記者など大嫌いだという幹部もいたが、毎日顔を合わせているうちに気心が分かり、親しくなることも多かった。

私が駆け出しの記者の頃は、まだ硯をすって、毛筆で調書を書く取調官がいた。達筆なので、盗み読みが難しく、困ったという記憶がある。また、警察内の取調室は小さく、普通の声でもよく聞こえるが、何回も警察の厄介になっている容疑者の中には、若い取調官の質問を先回りして答える者もいた。

「ハイ、そこで行を替えて。そこで『、』を打った方がいいでしょう」

などとからかったりしていた。山林泥棒で何度も検挙されているうちに、手順を覚えたらしい。取調官の正面に座った容疑者が、自分から見て逆さの調書がよく分かるものだと感心したものである。

戦争をはさんで市民に厳しく接する警察官が多かったが、戦後、民主化が進み、「オイコラ」と言って注意する警察官はめっきり少なくなった。しかし、昔の怖いお巡りさんの片鱗がチラリと見えることがある。各新聞社の記者が夜遅く警察に出向いて警戒に当たっていたある冬の夜のことだった。「年配の男が泥酔して騒いでいるのでどうにかしてください」との通報があった。間もなくパトカーが泥酔者を保護し、警察署に連れて来た。連行してきた警察官がストーブの周りの椅子を指差し、「お前はここに座っていろ」と厳しい口調で指示した。ところがその男が「なんだ、お前は警察官みたいなことを言うな」と言い返した。居合わせた記者たちは思わず吹き出した。宿直の警察官はあいにく私服の警察官ばかりで、その男は自分の座っていた場所が警察署だとは思わなかったのだろう。そして、わめいていたかと思うと、数分後には机に突っ伏していびきをかいて寝てしまった。

私が警察や検察庁、裁判所を担当していたころは刑事室や鑑識室に自由に入ることができた。特に各刑事を指揮し、事件全体を把握している「探偵長」の声を聞くのが大事な仕事だった。当時でも容疑者の写真撮影は難しく、記者が取調室のドアを開けると同時にカメラマンがシャッターを押して逃げ帰ったこともある。

朝、会社に顔を出す前に、警察署から帰る宿直の署員から情報を貰うこともあった。何か事件があれば上司に連絡して現場へ飛ぶ。昼食時間を取れないことがよくあるので弁当を警察に置いて取材にでかけることもあった。ある日の夕方、弁当を取りに行ったら私の弁当が無い。刑事たちが使う戸棚の上に置いたはずなのに、どこに行ったのかと思い、視線を回転させて捜したが見つからない。その日の刑事室は慌ただしかった。市内の繁華街のスナックで働く若い女性が、交際相手の男に絞殺される事件があった。男は間もなく逮捕されて落着したが、こうした事件が発生すると、限られた時間内で法的手続きを終わらせないといけない。こうした状況のために署内が慌ただしかったのである。私の方は、犯人逮捕でそれなりの原稿が出来て忙しさからは解放された。ただ、弁当をそのままにしておけないので、再度捜した。刑事室の棚をよく見たら、絞殺された被害女性の洋服の入った袋の下に、私の弁当はあった。これ以来、警察には一切私物を置かないことにした。

昭和二十七年十月、「華曼事件」というのがあった。中尊寺金色堂の当時重要文化財だった華曼四枚などが盗まれたのである。盗まれた華曼は東京都内の古物商に渡ったことから犯人が特定され、逮捕に至った。犯人が金色堂に盗みに入った夜中にちょうど地震が起き、驚いたという供述もしていた。花巻の警察に行き、写真を撮って汽車で送る仕事を行った。

また、大学生が盛岡駅構内の線路で飛び込み自殺した事件もあった。盛岡署に行って色々と聞いて回ったが、なかなか事件について話してもらえず、本社に戻り、デスク（報道部次長）に、

「原因はわかりませんでした」

と報告した。しかしK編集局長から、

「人はそう簡単に死ぬものではない。何か事情があるに違いない」

とさらに動機について調べるように言われた。そこで再び新たな情報を求めて盛岡署に行ったところ、Sという幹部の方から、

「盛岡駅には行って見たかね」

と聞かれた。わけの分からない自分にヒントを出してくれたのだ。盛岡駅に行って取材をし

ていたがやはり何もわからず、夕刊の締め切りが近づいていたため、電話で本社に、

「やっぱりまだわかりません」

と報告した。何気なくその電話機の置いてある駅事務室の机の上を見ると、一枚の定期券が置いてあった。名前を確かめると自殺した大学生のものである。職員がそれに気付き、隠してしまった。そこで、別の職員に聞いたところ、やはり定期券は大学生のもので、大学生は県南部から盛岡まで通学していた。お金に困っていたため、期限切れになった定期券を使っていたが、改札を通る時に駅員の目元近くに突き出すようにして提示するので駅員が不審に思い、数日前に確認したところ、三カ月くらい前に期限が切れていることが分かった。そこで父親とともに駅に来るように伝えていたのだという。この場合、通常の運賃の三倍の料金を払わなければならず、思い詰めて自殺したことが分かった。家庭も経済的に苦しく、学生は親にも、学校にも言えず、純粋にそして深刻に考え、板ばさみになっていたのだ。記事は特ダネとして大きく扱われたが、つらく悲しい後味の悪い事件だった。

ある日の昼下がり、一人の刑事が電話で警察署近くの食堂に出前を頼んだ。程なく白い服を着た小柄な少年が岡持ちを持って二階の刑事室に入ってきた。ところが様子がどうもおかしい。頼まれたものを机に出すときに顔を伏せたり、天井を見たりと落ち着きがない。その少年の様

子を見ていた刑事が、「おや、初めて見る顔だね。事故に気を……」と言い終わらないうちに、「オイオイ、お前は○○ではないか」

と問いただした。

「違います」

「お前は最近、指名手配されているぞ」

少年は泣き出しそうな顔になってうなだれ、そのまま逮捕された。

後日談になるが、少年は働き口が見つからず、苦労した末にようやくありついた蕎麦屋の仕事だった。警察への出前は嫌だったが、自分以外に人手がなく、しぶしぶ持ってきたのだ。少年は県北出身で、窃盗などの非行を繰り返していた。刑事も県北の警察に務めたことがあり、彼が関わった事件も調べたことがあったようだ。少年は十五歳、私が予科練に入隊した年と同じである。私が記者として何とかついていけそうな頃に出逢ったあの少年はその後どうしたのであろうか、なぜか寂しそうな少年の顔だけが記憶の底から今なお浮かんでくる。

明るい話題もあった。昭和二十八年一月二十二日から四日間にわたって、第八回スケート国体が盛岡で行われた。会場は県営グラウンド（現岩手大学グラウンド）に散水して作った人造の陸上リンクで、日本で初めての試みで全国から注目された。前年の冬に開催されたオスロオリンピックに出場した選手も登場し、スタンドは一万人を超える観衆で盛り上がった。大会の記事では「雑感」を担当したが、取材を通して平和な時代が来たと実感できた。紙面を通して多くの県民もそう感じたことであろう。また、全国から集まった選手たちが、競馬の騎手のようにカラフルなユニフォームを着て、体を丸めて氷上を猛スピードで滑る姿に驚いたものだった。

当時、中央紙から地方へ派遣された記者は、一様に新卒で早く中央へ戻りたいと思っていた。岩手県版ではなく、全国版へ自分の記事が掲載されることに血眼になっており、二度目の地方支社勤務の者もいて競争が激しかった。これに対し、県庁でも警察にしても、地元紙を応援してやるという気持ちがあり、地元紙としては仕事がやりやすい環境があった。言葉の違いによる親近感もあったのであろう。ある時、中央紙から派遣された大卒間もない記者が、北上川で人が溺れた際に、地方版の記事に「岩手川で人が溺れた」と書いた。「岩手川」とは岩手の代表的な地酒である。まるで酒に溺れたかのような記事となり、皆で笑ったことがあった。

また、この頃、まだ乗用車はそれほど普及しておらず、移動には苦労した。主に自転車で動いたが、たまにジープでの移動もあった。

昭和二十八年四月十九日、第二十六回衆議院議員選挙が行われた。当時の首相は吉田茂、いわゆる「バカヤロー解散」である。岩手二区で当選した建設会社社長B氏の元へ取材に行き、写真を撮らせてもらおうとしたが、「岩手日報の取材には応じない」と断られた。実は、前回の衆議院選挙に立候補した際に、選挙演説でB氏は、原稿をそのまま読んでいた。そして演説が熱を帯びてきた中盤に差し掛かった時、B氏は「ここで水を飲む」と原稿に書かれたまま読んでしまったのである。このハプニングを当時の花巻支局長が記事にしたことで、全国的な話題になってしまった。今回の選挙の際にも、演説に集まった聴衆から、「ここで水を飲む」とか「バケツで水を持って来ようか」などとヤジが相次いだそうである。恥をかかされ、B氏は「岩手日報憎し」だったのである。しかし、同席していた実力者の県議が「新聞社とケンカをするものではない」と説いてくれた。さすがにB氏も考え直し、取材を受けてくれ、写真も撮ることができた。

三　舞鶴へ　～父娘の再会、帰る人、迎える人、涙、涙～

戦後十年近くを経てもシベリアや南方で抑留されていた兵士が本土へ帰還することがしばしばあった。昭和三十一年のことと記憶しているが、シベリアのナホトカからやってきた興安丸が、抑留されていた日本人八百五十名ほどを乗せて舞鶴へ到着した。その船の中に岩手県出身者が二十四、五人ほど乗っていたことから、取材することになった。舞鶴へ向かう途中に東京支社に立ち寄ると、ちょうど石橋内閣が組閣を進めている最中で、「手伝え」と言われ、首相官邸で取材の手伝いをしたことを思い出す。

舞鶴は水深が浅いため、大きな興安丸は接岸できず、沖合に停泊し四、五十人ほどしか乗れないランチ（はしけ舟）が往復して港へ人々を運ぶのであった。記者団もランチに乗って、興安丸に向かった。私は岸壁に迎えに来ていた家族に手紙を書いてもらい、上陸を待つ人に届けることにした。船に乗り込むためには縄梯子にとりついて上らねばならなかった。海の上を風に揺られながら縄梯子を必死で登って船上に辿り着き、ようやく岩手県出身者を見付けて手紙を渡した。何度も往復している中で迎えに来た人たちとも顔見知りになっていた。港には体育館のような建物があり、家族との対面を果たそうとする人たちでごった返していた。取材をし

ているとと、高校生ぐらいの制服を着たお下げ髪の女の子が私を見つけて、

「お父さんが見つからない」

と泣きながら訴えてきた。一緒に父親を群集の中から見付けようと建物の中を捜し歩いた。しばらくして、少し離れたところで、

「お父さん!」

と叫ぶ声がして、見るとその女の子が父親を見付け出し、腕にすがって喜んでいた。父親の姿はおそらく十年以上も前に見たきりであろうに、よく分かったものである。親子の血がお互いを近付けたのであろうか。その感動の再会の場面の写真を撮り、記事は電話で読み上げ、写真は電送した。「帰る人、迎える人、涙、涙」という見出しとともに組写真四、五枚を使って最終面一ページを飾った。戦争の傷跡がまだまだ深かった時代である。

四　結婚、遠野支局時代、本社勤務再び

昭和二十八年まで盛岡市加賀野の下宿に住み、岩手日報に勤務する毎日だったが、その下宿屋が廃業することになり、油町の下宿を県庁に勤務していたI氏から紹介され、転居した。油町高橋下宿は、当時二階に四部屋あり一杯だったが、I氏の部屋に同居した。I氏の他には葛巻から来た高校生のKさん（女性）、大船渡から来た同じく高校生のMさん（女性）、裁判所勤務のSさんがいた。そして、この下宿屋の一人娘こそが後の妻、美枝である。

高橋家は元々市内の葺手町《ふきでちょう》で染物などの商売をしていた。山も持っていた資産家だったが、江戸時代の末に亀治（妻の父）の先代が商売に失敗して油町に引っ越してきたという。明治五年に志家村八幡宮（現在の盛岡八幡宮）に収められた氏子の札によると、亀治は慶応三年（一八六七年）七月十一日に市内葺手町の高橋徳次郎長男として生まれたと書かれている。なお、亀治の父の高橋徳次郎は天保十一年（一八四〇年）二月二十四日生まれ、高橋利兵衛長男となっている。さらに高橋利兵衛は文化七年（一八〇一〇年）六月六日、紫波郡郡山村―日詰と二日町の上町・下町を合わせた通称―加藤源八次男と書かれている。亀治は、明治の早い時期にキ

リスト教（プロテスタント）に入信し、染物屋を営むかたわら、自宅で布教活動を行っていた。亀治の最初の妻はヤスだった。子どもに恵まれず、茸手町に住んでいた時の近所の知り合いのS家から六郎を養子に迎えた。六郎は大事に育てられ、盛岡中学校から青山学院大学に進学した。英語が堪能だった六郎はその後仕事で朝鮮へ渡った。ヤスは大正に入ってからガンで亡くなり、次にトミと再婚している。トミは大正十五年に妻の兄である七郎を産んでいる。しかし、トミも昭和七年にガンで亡くなった。昭和八年、リエが三番目の妻となった。リエは当時、福岡で熊谷家から麻里家に嫁いだが、夫がスペイン風邪をこじらせて亡くなり、残った一人息子を養いながら、盛岡駅前の惣菜屋で働いていた。どのように縁談が進んだかは定かではないが、昭和九年に妻が生まれている。連れ子は嫡男の七郎と同い年であるという理由で、亀治が同居を許さず福岡の親類に預けられたという。妻が物心ついた時は、染物（藍染）、洗い張りだけでなく下宿屋も営んでいた。子どもの頃から、下宿人や教会関係者などたくさんの人たちが家に出入りしていた。太平洋戦争を経て、昭和二十三年には兄の七郎が鉄棒から落ちたときのけががもとで亡くなった。また、朝鮮に渡っていた六郎が妻と息子を連れて帰国し、裏の離れに住むようになった。

亀治の敬虔な信仰への姿勢について、「盛岡松園教会宣教百年記念誌」の中に次のように描かれている。

「先ず第一にあげなければならないのは高橋亀治さんである。教会五十周年の頃はもう七十歳近かったが、いつも若々しく見えた。温厚かつ謙虚で、最も人望のある教会の大黒柱であった。教会の中では、上に立って説を述べることはなかったが、祈祷会でのボソボソした祈りのことばは誠実味に溢れ、教会員の先輩としての重みが感ぜられた。本職は紺屋さんで、家業のみならずよく働く人であった。親切な方で、広い屋敷の二階や離れにご厄介になった教会の人も少なくなかった。御養子の六郎さんを育ててから後に、米国に移住した遠縁のM夫妻の残した三児を養育されたが、これは高橋さんでなければできなかったであろう。長男のGさんは、小学校卒業とともに米国の親元に帰ったが、下の二人（TさんとJさん）は高橋さんの子どものように成人した。高橋さんの育てぶりがどんなであったかはM兄弟ののびのびした明るさを見れば分かる。正に愛の人であった。御養子の六郎さん夫妻と孫のNさんとは亀治さんの信仰を継承する恩寵の家系である。亀治さんは、後に結婚されたリエ夫人との間に娘さんをもうけられた。亀治さん受洗の一八八四年（明治十七年）からスタートして夫婦で今日までの九十九年間教会生活を守り抜くことができたのは、くすしきみわざとしか考えられない。高橋さんは盛岡における信仰の父アブラハムである」（「その頃の大沢川原教会」仁木巌雄　より）

教会での結婚式

昭和二十六年、五月十七日、亀治が波乱の生涯を閉じた。今は北山のキリスト教墓地に妻と長男とともに眠っている。

その後、高橋家は家業の染物を止め、下宿業で生計を立てるようになった。下宿していた若い新聞記者の私と下宿屋の高校を卒業したばかりの妻との出逢いの経緯は明らかにできないが、昭和三十年十二月十八日、私はその高橋家に婿養子として入り、一人娘と夫婦になった。結婚式は大沢河原の教会で挙げ、披露宴は油町の自宅二階で行われた。当時はまだキリスト教式の結婚式は珍しかった。花巻の母は体調を崩して出席できなかったが、親戚数名が参加してくれた。高橋家では親戚のほか、妻が勤務していた盛岡市の福祉課の上司が出席してくださった。

結婚式の前年、昭和二十九年十一月、遠野支局勤務の辞令が下りた。しかし、赴任の前日になってから報道部長が私に命じた。

「途中下車して、取材してくれ」

田瀬ダムが完成し、同時に完工した発電所の営業運転の初日に赴任の日があたっていたためである。宮守駅で降り、カメラマンとともに新しくできた水力発電所に向かった。五時からの式典で、出席していた町村長や議員を順調に取材し、本社へ帰るカメラマンとも別れ、再び釜石線に乗り遠野へ向かった。遠野駅に着くと冷たい雨が降っていた。町内に一台しかなかったタクシーを拾い、バラックの支局にやっと辿り着いた。

遠野町では昭和三十年一月、青笹村、小友村、上郷村、土淵村、綾織村、附馬牛村そして遠野町が合併して市になったことで、市長選挙が行われていた。公示前から、新生遠野市の市長を選出する選挙とあって、合併した町村民だけでなく、全県的にも大きな関心を呼んでいた。衆議院議員、前町長、営林署長、元県議会議員に加え、県議会の現職議長が辞任して立候補する事態となり、猛烈な選挙運動が展開された。投票の結果、農村部を固めた元県議会議員が当選した。残念だったのは、当選・落選の各陣営から次々と公職選挙法違反で検挙された者が出たことだった。遠野に着任して一カ月も経たないうちに選挙報道に携わったが、地理的なことや合併した各地域の有力者の実態が不慣れだったことから、取材に苦労を重ねた。市長選挙開票の夜、勝者の取材には応援の記者に担当してもらい、私は郷里の発展のために立候補した県政の大物である県議会議長の様子を取材しようと、陣営の事務所を訪れた。風邪を引いて寝て

いたが間もなく結果が判明し、元議長は三位で落選した。その時、

「残念でしたね」

と声をかけたところ、

「敗軍の将、兵を語らず。これも兵家の常というものさ」

と淡々としていた。

昭和三十年、春から夏にかけて、結婚を約束していた私と妻は度々、遠野周辺や宮古などでデートを重ねた。十二月、結婚式を終えて遠野に二人で行った。昭和三十一年の春に盛岡本社に転勤した。

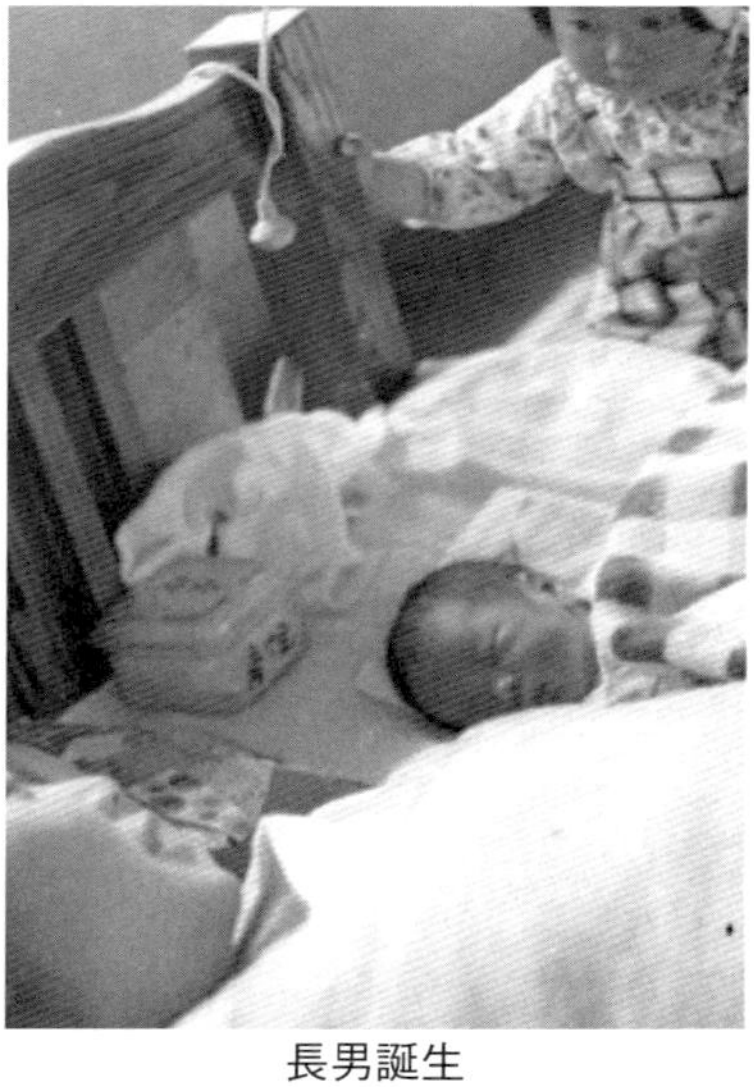

長男誕生

昭和三十一年には長女が生まれた。妻は朝の八時頃に入院したが、その日、まだ生まれないと思い、自分だけ寿司屋で昼飯を食べていた。午後三時頃、病院に帰ってきたら長女が生まれていた。

二年後の昭和三十三年には、長男が生まれた。次男は昭和三十八年、次女は昭和四十三年に生まれた。二男二女に恵まれた。

昭和三十四年六月二日、第五回参議院議員選挙が行われ、岩手地方区では保守系A氏が初当選を果たした。しかし、県警選挙取締本部は三日午前五時を期し、県内五十九カ所を公選法違反の疑いで家宅捜索に乗り出した。四日には百六十八人が取り調べを受けるという大規模な選挙違反となった。特にA派は買収・供応の疑いで運動員十五人が逮捕された。新聞報道のきっかけは、岩手日報の一読者からの自宅前の市議会議員宅に警察の家宅捜索が入ったという情報からだった。いったい誰が捕まったのか、あまりに大掛かりな違反なだけに、全容がつかめないでいた。当時は容疑者が留置場に収まりきれない時には、盛岡刑務所に収容することがあった。現在は上田字松屋敷に少年刑務所として立地しているが、当時は盛岡監獄と称し、前九年町の「狐

日報　昭和34年6月3日（水曜日）

参院選違反一斉に摘発

59カ所を捜索

容疑内容と捜索個所

S34.6.2　第5回参議院選挙違反

森」と呼ばれるところに建っていた。悪さをした子どもによく親は「狐森に行きたいのか」とおどしたそうだ。さて、選挙違反の容疑者が恐らく「狐森」にいるだろうという見当をつけて、出向いた。取材した日は日曜日ということもあり簡単に中に入れてもらうことができた。事務室に何気なく入ると、たくさんの靴が置いてある。その一つ一つに荷札が入れられている。荷札には持ち主の名前が書かれている。この荷札に書かれた名前を急いでメモを取り、本社へ戻った。手分けをして一人ずつ電話で確認したところ、やはり靴の持ち主が選挙違反の容疑者だったことがわかったのである。この選挙違反では、現役の県議会副議長が逮捕されているが、県議会期間中に内丸の公会堂の副議長室にカバンを置いたまま逃走した。県警は東京の警察学校で幹部候補として学ばせている二人の職員に命じて上野駅に出向かせ、副議長を捕まえている。やがて捜査の手がある大物県議にも及ぶのではないかとの情報があり、その県議の知り合いの上司が自宅に電話を入れたところ、奥様が出て、「今、検察が来て家宅捜索をしている最中です」との話があり、急いで自宅のあるS町へ向かって車を走らせた。市街地の西を抜けようとする辺りで、警察の車列とすれ違った。「あっ議員が乗っている」と慌ててUターンしたが追いつきそうにない。その時、幸運にも警察車両の行く手にあった山田線の踏切の遮断機が降りた。そこで私は車を降りて駆け寄り、車中の大物県議の写真を撮ることができた。レインコートを頭から被り、検察の車に乗った議員の写真と記事は、大掛かりな選挙違反事件を象徴する記事となった。

また、昭和二十八年に岩手日報などが中心となって作った、県内初の民放ラジオ会社「ラジオ岩手」（のちの岩手放送）ができた。岩手日報からはニュースを提供していた。会社設立時は岩手日報の近くにあったが、やがて、テレビ放送が始まることから現在の志家町に移った。

この頃、仙北町の鶴子踏切でトラックと貨物列車が衝突した事故があった。現場に取材に行くと、トラックは大破し、運転手はすでに亡くなっていた。運転中に聞いていたのであろうカーラジオは点いたままだった。すぐに事故の状況を近くの公衆電話から日報に電話送稿した。電話を終えて再び現場に戻ったところ、遺体はまだ収容されておらず、トラックのラジオもそのまま音が流れていた。程なくしてそのラジオから、先ほど私が送った事故の原稿を読むアナウンサーの声が聞こえてきた。冷たくなった運転手のすぐそばのラジオから、この事故を伝えるニュースが流れてくるのを私は呆然と聴いていた。

昭和三十四年秋には、若い女性が変死した「滝沢事件」もあった。両手の肘から先、両足の膝の下、顔も半分焼けた小柄な若い女性の死体が、滝沢村（当時）の農家の納屋から見つかった。夕方、たまたま、住民の一人が納屋の中に人が倒れているのを見つけて警察へ知らせた。先に当直の記者が向かい、午後八時過ぎに私が現場に到着した。

警察は最初、寝ているのかと思い、納屋に敷いている床の板をドンドンと足で踏んでみたが起きず、確かめると死んでいた。履物を履いておらず、裸足の状態であったことから、どこかで殺され、この場所に投げこまれたものと考えられた。最初の段階では、女性でもあるので、捜索願が出されているものと考えた。それによって身元が分かるだろうと予測していた。しかし、捜索願は出されず、現場の界隈の人々からも情報を得ることはできなかった。警察は、盛岡市内の風俗店なども当たったが、身元などの手がかりは掴めなかった。発見された死体は、別の場所から運ばれてきたものと推定されたが、肝心の死因・運ばれてきた経路なども何一つ分からなかった。次の日の朝刊では、女性死体発見の第一報を伝えた。

遺体は、翌日、岩手医大で司法解剖された。岩手医大の法医学の教授に見解を聞こうと訪ねたところ、これから解剖だということで立ち会うことができた。解剖の結果、火傷には生体反応があることがわかり、さらに謎が深まった。被害者は生きたまま焼かれたことになる。また、死因を巡っては、電気、薬品説などもあったが、特定できなかった。そして、三日目には被害者の女性の物と思われるサンダルを三、四百メートルほど離れた農道の近くのトウモロコシの束から捜査員が発見した。さらにその近くの二、三カ所から焼け縮れた髪の毛も見つかった。しかし、サンダルや髪の毛からは死因、身元につながる情報は得られなかった。犯人像を巡っては様々な推理が行われた。ガスバーナーなどを使っている職業の人、劇薬を用いる人などと見る人もいた。また、被害者については、一家離散によるさまよい人や家出人が事件に巻き込まれた可能性などが考えられたが、警察で作っているリストに合致する者はいなかった。

その後、警察は、髪の毛やサンダルについては一切発表せず、自分たちの手で確かめようとして現場近くはもちろん、盛岡の繁華街など手分けして聞き込みを進め、全国の警察に照会をするなど、きめ細かな捜査が続けられたが徒労に終わった。現場はチャグチャグ馬コの出発地点で有名な蒼前神社近くで、戦後の開拓地で当時は人家もまばらで、泥濘の悪路が続いていた。

事件の怪奇性に県民の関心も高く、岩手県警も全力を挙げて捜査を行った。昭和三十年代までは捜査員の意識も高かったが、昭和四十年代に入ると事件を覚えている人も少なくなり、結局事件解決の手がかりとなる事実はほとんどつかめず、迷宮入りとなった事件である。

昭和三十年代の初め頃、仙北町で若い女性の他殺死体が藁束の中で発見された事件があった。

程なく遺体の身元が特定された。被害者は仙北町内の女性であった。司法解剖をする前に法医学の専門家が「遺体の状況から見て死後二十日は過ぎている」との見解を明らかにした。しかし、被害者周辺の捜査をしているうちに、その彼女の姿を十日ほど前に目撃したとの証言が複数人出てきた。そのため、特定された被害者とは別人ではないかとも考えられた。死者が生き返るはずもなく、専門家の見解との食い違いに誰もが困惑した。

法医学の担当者は、解剖前に遺体の腐敗が早く、死後二十日以上経過しているとしたが、「ハエが発生していることなどを逆算して、あるいは藁の中で、腐敗が通常よりも進んだことが考えられる」と改めて見解が出された。死後の経過時間というのは、野内外、水中、藁の中のような腐敗を早めるものの中など、置かれた状況によって変化が違ってくる。季節にもよるものだ。その間にも捜査は進展し犯人が絞り込まれていった。

当時の警察では、犯人につながりそうな有力な遺留品があれば、刑事の力関係によってそれを持って捜査に行くことがあった。S部長刑事は力のある刑事だった。その日も夕方からどこかへ向かうS部長刑事の後をついて行った。盛岡市内のパチンコ屋の近くまで来た時、お互いに目的がわかり苦笑いをした。パチンコ屋に女性を殺害した容疑者がいるのだ。詳しいことを聞こうと店の中に入り、事務室に入って店長を呼んだ。S部長刑事は「こっちは及川刑事だ」

と私のことを紹介した。容疑者はパチンコ屋の店員だった。事務室から、パチンコの玉を入れ替えたりして働いている姿が見える。S部長刑事は、私に「本署へ連絡するのでここで待っていてくれ」と命じた。私は「及川刑事」なので、容疑者を見張ることになる。S部長刑事は警察署に電話を掛け、やがて車と応援の署員も到着し、容疑者は大人しく警察へ連行されて行った。「容疑者逮捕」の記事は翌日の朝刊に社会面のトップに詳報が掲載された。もちろん私が見張りをしたことなどは記事には書かなかった。

五　釜石支局時代

家族四人で引っ越しの列車に

昭和三十五年四月、釜石支局に赴任した。千鳥町の社宅に家族四人で住んだ。釜石製鉄のたくさんの煙突から赤や黄色の煙が盛んに出ていた。

当時、さけ・ますは北太平洋、マグロ漁が千葉県のはるか沖で行われていたが、頻繁に沈没事故が起こり、その漁船に乗り込んでいた釜石の若者も多く犠牲になった。海上保安部から情報をもらい、行方不明になった若者の家に取材に行くことも何度もあった。荒れた海で一度海に投げ出されると助かる見込みはないが、家族には、

「念のため息子さんの顔写真が欲しい」

と話して写真を提供してもらったが、苦しい取材だった。潮目に三角波が起きること、少しでも多くの漁獲を得るために基準以上の魚を積んでいることなどが重なったのだと考えられる。過積載により傾きが復元できなくなるのである。多いときは食事をする間もないほど頻繁に海

難事故が起きた。このような悲劇を少しでも減らしたいと思い、遭難したときに浮かんで位置を知らせるラジオブイの必要性を紙面で何度も訴えた。なかなか高価な機械を買えない零細な漁師が多かったが次第にラジオブイの必要性が理解され、普及するようになってきた。

赴任間もない五月二十四日未明、チリ地震津波が起きた。二十三日の夕方に水産試験場の指導調査船「北上丸」に乗り、新しい漁獲法の実験を取材した。集魚灯で魚（小女子）を集めて海水もろとも吸い上げる漁法だった。しかし、普段たくさんとれる魚が何故かこの日は捕れず、皆が「おかしい」と首をひねった。魚が捕れないまま午前一時に釜石港に戻った。家に帰り一旦床に就いたが、間もなく電話で起こされた。地元の漁民が、「大潮だ」と騒いでいる、と大槌からの連絡だった。海上保安部に電話したところ、駐車場にあったバスを山手に移動させているとの話だった。地震もないのに津波とは聞いたことがないと思いつつ、カメラを二台持って海上保安部に自転車で向かった。途中、高台へ向かう人たちとすれ違い港へ着くと、普段見慣れた港の海面が引き、黒々とした海底が見えていた。第一波が来てから潮が引いていたところだったのである。まだ津波が信じられず、

「大潮か？」

と地元の人に聞くと、

チリ地震津波

「こんな大潮があるものか。まぎれもない津波だ」

と返された。

本社に電話を入れて、

「津波で三陸に被害が出ている。沿岸に記者をよこすように社会部長にお願いしてほしい」

と伝えた。

警察に行って情報を集めようとしたが、電話も不通になり各地と連絡がつかなくなっていた。何としても夕刊に写真・記事とも間に合わせたいと思っていたところ、ふと鉄道電話があることを思い出し、駅に行き保線区の電話を借り、本社の向かいにあった交通公社の鉄道電話のところへ記者に来てもらい、電話で原稿を伝えた。

「タクシーで写真を送るから」

とも付け加えた。次は写真だということで、町に行くと只越・大渡などの目抜き通りも一〜三メートルの津波が押し寄せていた。夜が明けきらない街に、店のガラスが水圧で割れる「バリン、バリン」という不気味な音が響いていた。消防自動車に乗せてもらって移動しながら、高台に避難している人たちの写真や釜石製鉄のクレーンが傾いているところ、養殖の牡蠣・ワカメ等の筏が流されていく場面などを撮影した。夕刊に間に合わせたいと思い、急いで浜町の支局に駆け上がった。遮光袋にカメラを入れて手探りでフィルムを切り、別なパトローネに密封した。只越でタクシーを拾い、運転手に、

「これを盛岡の岩手日報社に持っていってくれ。玄関で『釜石から津波の写真を持ってきた』と言えば誰か出てくれるから」

岩手日報 夕刊

波、太平洋岸を襲う

三陸沿岸、壊滅にひんす

大船渡市は地獄絵図

家屋の全壊 流失千百戸 死者・不明四六人

被害状況

S35.5.24

釜石記者時代

と写真を託した。

鉄道電話で送った記事とともに、タクシーで遠路送られた写真は夕刊に間に合い、一面を飾った。とっさの判断だったが、あの時はベストの選択だったと思う。釜石に赴任して間もない頃のことであり、地名や地理がわからず戸惑ったことを覚えている。河口から二キロ近く離れている千鳥町の社宅前を流れている甲子川にも、漁具や樽などが津波で運ばれていた。妻はその日の朝にその光景を見て、津波の恐ろしさにとても驚いたという。

釜石の記者時代は、今では考えられないことも多かった。釜石署は警備船を所有していたが、取り締まりの取材と称して非番の署員とともに釣りに出かけることもあった。ある時、警備船に乗せられ、数名の署員と共に岩礁に降りて釣りをしていたところ、雲行きが怪しくなり、辺りは暗くなってきた。取り残された釣り人たちは対岸の港の警備船に向かって懐中電灯を振って救助を求めた。しかし、懐中電灯も海に落としてしまい、正に「海中電灯」となって用を成さなくなった。やっと船が迎えに来てくれた時には、波も荒くなり船に乗り移るのにも苦労した。釣果もたいしたことはなかった。

休みの日には、非番の署員とマージャンを楽しみ、親交を深めた。そのことで、事件が起きたときに、誰がどう動いているかで捜査のねらいや方向を知ることができた。

家族では、長男が室内でミシンの椅子から落ちて手を骨折したり、結核の初期感染を患ったりするなど心配なこともあった。また、夏には家族で舟遊びにも出かけた。釜石製鉄との合同レクで長女と二人で箱崎の千畳敷に行った時のことである。長女を片手で抱いたまま岩場を伝って歩いたが、思ったよりも厳しい岩場が連続し、疲れが両腕にたまり、わが娘を落としそうになりヒヤリとしたことがあった。朝、獲れたてのイカやウニをリヤカーで売りに来る行商もおり、安く美味い食べ物が豊富だったのも思い出である。

大きな事件というと、釜石市内の学校の校舎が焼ける火事が二回もあった。一回目の火事は自分が釜石支局に着任する前だったと思う。この時の火事は原因が分からなかったが、不審火ではないかとの疑いが強かった。釜石に着任して程なく、二回目の学校の火事が起きた。子どもたちが暮らす学校の連続不審火ということで、釜石市民には大きな不安が広がった。この大事件の真相に何とか迫りたいと思い、警察へ取材に向かった。しかし、警察署員ともまだ面識が浅く、しかも厳重に口止めされているようで何もわからなかった。次に学校関係ということで、教育委員会に行った。教育委員会では「消防署に行った方がいいですよ」と言われた。記憶に間違いがなければ、消防署の署長は盛岡市警察署の署長を務めた人だった。温厚で色々なことを教えてくれる人だった。この人から情報を得ることができ、火事のあらましがやっと分かった。現場検証でケチャップのビンが発見された。当時の学校の暖房は薪で校舎の軒下に高く薪が積まれていた。その薪のあたりで発見されたこのビンは、詳しく調べるとビンに灯油を入れて太い紐を芯にしてランプのようにして時間をかけて燃え上がる仕掛けになっていたことがわかった。私はこのケチャップのビンを使った手作りの時限発火装置による放火であることを記事にした。情報を伏せていた警察ではこの記事が出たことに驚いた。消防まで情報の統制はしていなかったのである。いわゆる特ダネだったが犯人検挙までは至らなかったのは残念だった。ただ、続く放火被害がなかったことだけが救いであった。

当時、釜石市長は鈴木東民が務めていた。この人物は戦前、読売新聞社で反ナチスの論陣を張ったことで有名である。駐日ドイツ大使から危険視されたほか、「関東軍の宣伝などいらぬ」

という電報を打ったことが明るみになるなどして休職となり、郷里の岩手に帰郷した。言論の自由が一切封鎖されていた時代であり、関東軍はその象徴であった。戦後、読売新聞に復帰したが幹部の退陣を求めるなど、いわゆる「読売争議」を指導、その後労働者農民党に所属して再び郷里の釜石で昭和三十年から昭和四十二年まで市長を務めた。「反骨のジャーナリスト」とも称される鈴木東民市長は、釜石市唐丹の出身である。唐丹半島は昔から外国船がよく難破する海域である。難破した外国船員がそのまま定住したという言い伝えが残っており、日本人離れした風貌の住民も多い。東民もまた日本人とは思えない彫りの深い顔立ちである。この市長はなぜか私をかわいがり、市役所の幹部も市長の機嫌が悪い時には、私に市長の機嫌を直してくれないかと頼まれたものである。ある日、そうした用で市長に会ったとき、政治評論家高木健夫の書いた本に件の「関東軍の宣伝などいらぬと打電した反骨のジャーナリスト」として紹介されていることを伝えた。とたんに相好を崩し、「その本をできるだけたくさん買ってきてほしい」と部下に頼んでいたことを思い出す。

釜石支局に赴任中の昭和三十六年、盛岡本社の社屋が火事に遭った。当時岩手日報は元の県立図書館近くの建物を間借りしていたが、その夜、同じく二階に入居していた県の厚生課の職員がストーブを点けたまま外出したことから、周囲に引火し火災となった。編集局や総務関係の部屋は焼けてしまったが、印刷部門は無事だった。驚いたことに、深夜に発生し自らが被災した火事を、その日の市内版の朝刊に間に合わせた。記者たちは、ミカン箱を机替わりにして記事を書いたという。日報の記者魂を誇りに感じたものである。

六　盛岡本社勤務時代

昭和三十八年三月、二年十カ月ぶりに盛岡に戻った。間もなく次男が生まれた。釜石への勤務の間、油町の家は義母のリエが一人で下宿を切り盛りし、裏の家の一階には養子の高橋六郎夫妻、二階には自分の姪（長姉の娘）夫妻が住んでいた。

本社では、社会面のデスクを務めることになり多忙を極めた。共同通信からの大量の原稿も見ることになり忙しさにさらに拍車をかけた。仕事は三十人近い記者が書いてきた原稿に目を通し、割り付け・見出しを担当する整理部に回すことと、取材の企画、事件・事故の記者の配置など、例えれば空港の管制塔のような役割である。輪転機を止める決断もデスクの職務の一つである。盛岡で朝の五時三十分に起きた火事を市内版に間に合わせたこともある。宿直記者からの一報で、どこまで印刷が進んでいるか、残部がどれだけあるか、問い合わせ、ストップをかけたのである。また、県内の道路状況が頭に入っていなければならない。事件・事故の発生現場までの距離や支局からの移動時間などを瞬時に考え、記者やカメラマンの派遣や輪転機を止めるかどうか、判断するのである。現場での取材が二十分遅れれば、写真の入手や事件の目撃者への取材が困難になるからである。

内勤が中心のデスクの仕事だったが、事件によっては自ら取材にも出かけた。一日の勤務時間の変動が激しい生活となり、妻もそれに合わせた生活をしなければならない。私の食事や睡眠の確保など健康管理を支えながら四人の子どもを育て、本当に大変だったと思う。子どもたちも丈夫であればよかったが、そうはいかなかった。すぐに風邪を引いたり、腹をこわしたりして病院に夜中に連れて行くことも多かった。

会社と自宅の距離が近く、自転車で五分とかからなかったのは強みだった。ただ、家には電話がまだなく、事件や事故があると本社から家の向かいにあった社長の家の電話へ連絡があり、社長夫人がわが家へ呼びに来た。呼び出し電話が普通の時代だったが、社長夫人に伝令をお願いするのは、あまりに申し訳ないと思い、わが家に電話を入れることにしたのもこの頃である。市内で火事が起きると消防署から近くの屯所へ出動要請が来る。屯所の消防車のサイレンが合図で団員が屯所へ集まる。一定の団員が集まると消防車が出発する。それに便乗して現場へ取材に出掛けたものである。

本社のすぐ前の桜山神社近くにあるスナック「やまびこ」に記者連中がよくたむろして飲んでいたものである。ある日、一関方面で「特急やまびこ」が脱線したとの情報があり、担当記者に連絡をとろうと件の店に連絡を取ると、既に酔っていた記者が電話口に出た。

「えっ？　今、『やまびこ』にいますが異常ないですよ」

と答えた。


当時は組合運動が盛んで国労、岩教祖が双璧だった。その中でも岩教祖の学力テスト闘争の際に、組合員が集まって騒ぎにならないようにと、県警本部の警備部長から指令が出されたことがあった。当時の委員長の小川仁一に警告書が出された。ところが、組合の動きは鈍くなることはなく、警告書の効果は見られなかった。そこで調べてみたところ、花巻署長が持って行った警告書を受け取った小川仁一委員長は「後で読む」と言って上着の内ポケットに封筒を入れてしまったのだった。本来であれば手渡す前に声に出して中身を読んで確認すべきところだったが、署長はすぐに読んでくれると期待したのであろう。小川仁一委員長が一枚上手だったのである。小川仁一は後に日本社会党から参議院議員となった。記事にはしなかった裏話である。

七　ハワイへの船旅

報道部長が代わり、夕刊の社会面を飾る何か面白い連載企画がないか、とデスククラスを集めて会議が行われた。釜石時代に岩手県の指導調査船「岩手丸」が毎年ハワイに行っていることを思い出し、これに同乗して記事を送ってはどうかと提案したところ、上司が、

「それは面白そうだ」

と採用となった。しかし、誰が行くのかという段になって皆がしり込みをした。そこで、

「それなら発案者が行くのがいいだろう」

ということになり、自分が行くことになった。

昭和四十一年五月、釜石港からハワイに向けて出港する岩手丸（六百五十トン）に同乗することになった。釜石港の見送りには、妻、長女、長男、次男のほか、姪とその長男、花巻の兄嫁が集まった。当時、海外旅行はまだ珍しく、子どもたちも学校で父親がハワイに行くと言っても誰も信じてくれなかったそうである。出港当日、天気に恵まれて荷物の積み込みが順調に行われていた。しかし、船に積み込む酒を持った船員の若者が渡り板を急ぎ足で渡っていたところ、突然板が真っ二つに折れて、酒瓶とともにその若者が海に投げ出された。すぐに助けら

れたが、岸壁から下を覗くと酒瓶は海の底に沈んだままだった。思えば、不吉な旅を予感させるものだったのか、岩手丸は出港して沖に三～四キロほど進んだところで、スクリューのシャフトが折れ、航行不能になった。すぐに無線で助けを呼び、北上丸（二百トンクラス）に曳航してもらい釜石港に引き返した。旅館にいてその知らせを聞いた妻は驚き、この旅の行く末に不安を感じたという。

釜石の造船所で修理し二日後、再びようやくハワイに向けて出発した。北回り航路を通り、一路ハワイへ向けて進んだ。二日目にはイルカが船の周りを泳ぎ船員を楽しませた。船は太平洋のど真ん中、演歌をかけ思いっきりボリュームを上げて進む。船以外は大海原の何もない世界である。時折、行き交う外国船と昼は汽笛を鳴らし、夜はライトでお互いの無事を祈った。さらに南へ進むとトビウオの群れに何度も遭遇した。船に飛び込んで来るトビウオもあった。またある日、水平線の彼方に太陽に反射して銀色の長い帯状の光の行進が見られた。陸地では見られない現象で、船員に尋ねたところ「シャチ」の群れだった。夜は降り注ぐような星空のもと、ハワイへの思いを巡らせた。スコールに見舞われる日もあって、雨が上がると水平線に大きな虹がかかった。船の冷蔵庫には果物などおいしい食べ物がいっぱいに詰め込まれていて、船旅を楽しんだ。

夕暮れの光景も素晴らしいものだった。太陽は刻々と水平線に近付き、一分ごとにオレンジ色から藍色へと太陽、海、空の色が変化する。そして、太陽が水平線に隠れた瞬間、夕闇が訪れる。息を飲むような美しい数十分のできごとである。

天候にも恵まれ、毎日甲板上に寝転んで過ごした。船員は観測データを集め、水産高校の生徒たちは漁労実習に励んでいた。

ハワイが近付くと、白い小鳥が歓迎するように船に近付いてきた。船の上をヒラヒラと舞い、あるいはマストにとまり、陸地の近いことを告げていた。ラジオに入る曲も異国情緒たっぷりのハワイアンで、いよいよオアフ島が迫ってきたと胸が高鳴った。マストに日章旗とともに星条旗を掲げアメリカの領海を航行し、ホノルル港に夕方五時過ぎに入港した。その日は、入国手続きのため湾内に停泊し、次の日、上陸した。

ワイキキビーチの近く、ダイヤモンドヘッドの見えるホテルに一週間滞在し、連載三十回分の取材を重ねた。五月のハワイはブーゲンビレアやハイビスカスなどの色鮮やかな花々が至る所に咲き乱れ美しかった。正に南国の楽園である。オアフ島の案内をしてくれたのは、岩手県水産行政の職員に紹介された現地の年輩の日系人男性だった。彼の車に乗り、初めに真珠湾のアリゾナ記念館に向かった。港に着くと、小さな船に乗り、アメリカの水兵の案内で、真珠湾攻撃で船体が三分の二ほど海中に沈んでいる戦艦の上に建てられた施設を見学した。昭和十六年十二月八日、ホノルル港に停泊中の太平洋艦隊の主力が集結していたところに日本海軍の航空機が爆撃を加え太平洋戦争が始まった。いわゆる真珠湾攻撃である。この時、日本海軍の特殊潜航艇が密かに真珠湾に侵入して海中で魚雷を放ち艦船に大きな被害を与えた。その何隻かの特殊潜航艇のうちの一隻が、どういう訳か近くの砂浜に乗り上げた。

「それがここです」

と件の老人が案内してくれた。別の日にはハワイ大学を訪ね、水産業の現状や研究の様子を見学・取材をした。夜にはハワイアンショーを見た。また、動物園を見たり、水族館のイルカショーを見たりした。ハワイ在住の邦人に会い取材もした。土産にパイナップルをもらい、食べてみると、実に美味しかった。滞在中にたくさんパイナップルをもらい、帰国後に家族にも食べさせた。まだ南国のフルーツが食卓に上がるのが珍しかった時代である。皆その美味しさに目を丸くしてハワイ土産のパイナップルを食べていた。ハワイの紀行は題して「太平洋二万キロの旅」。岩手日報としては珍しいカラー写真入りで紙面を飾られ、話題となった。

八　全日空機墜落事故

昭和四十三年十月十七日、次女が生まれた。近くの黒沢産婦人科で出産した。一家は七人となった。この年の五月には十勝沖地震（後に三陸沖北部地震と改称）もあり、家の老朽化が進んできたことから、新築することになった。下宿していた人たちにも話をして他へ移ってもらった。昭和四十五年六月、岩手国体の年に現在の家の建築が始まった。二階建てモルタル造り、トイレは水洗で洋式という最先端の設備が自慢だった。

この年は大阪での万国博覧会、十一月には三島由紀夫の割腹事件などもあり、記憶に残る年であった。

昭和四十六年七月三十日、暑い真昼の大空に目を覆う惨事が発生した。この日、担当した朝刊の地方欄と夕刊社会面の内勤デスクの仕事を終え、涼むため冷房の効いたサンビルで昼食をとった。社に戻ると間もなく、元日報社員から、

「飛行機が爆発して墜落した」

という連絡が入った。数日前に小型の自衛隊機が墜落した事故があり「また同じような事故

だな」と考えた。すぐに県庁とサンビルにあった記者クラブに電話して、二人の記者に「大至急、気付かれないように抜け出して本社に来い」と指示を出した。それぞれ、「本社で会議があるので戻る」

「家族が病気だ」

などと周囲につぶやいて社に戻った。サンビルの経済記者クラブにいた記者は、担当は、早ごとが効く者だったので呼んだ。第一陣として、無線カーを仕立てて運転手、記者二人、カメラマン一人、そして私の五人が乗り込み出発した。事故現場の位置がはっきりしなかったが、とりあえず繋方面へと車を走らせた。途中でラジオが「自衛隊機一機が行方不明らしい」というニュースを伝え始めた。繋温泉口を過ぎて間もなく、付近の住民が社旗を見て、バラバラと車に走り寄ってきた。車を止めると現場の方向を指さして、

「こっちだ」

と教えてくれた。また、

「ここから上に遺体がたくさんある。女の人も死んでいる」

などの話があった。「これはおかしい。自衛隊の飛行機ではない」と考え、無線で本社に次々と伝えた。本社からも「民間機が行方不明になっている」という情報が伝わり、ラジオも大勢

の客を乗せたまま行方不明だと流し始めた。無線での情報により夕刊の市内版に記事が間に合った。詳細は分からなかったが大事故が起きたことを伝えることができた。

安庭のあたりの山に死体があると言われ、まず現場を見ようと、山を上って死体を三〜四体目撃した。そこで地元の若い消防団員が、

「自衛隊機も墜ちた。落下傘で降りた人がいる」

と教えてくれた。そのパイロットが雫石の役場のそばに降りたという情報を聞き、車に乗って二キロほど離れた役場に向かった。役場職員に聞いても、

「何も分からない」

と言われ、派出所に立ち寄っても情報がわからなかった。その時「はっ」と思い、近くの開業医を訪ねると、入口は全部閉められていたが、果たしてそのパイロットが奥のベッドに寝かせられていたのが見えた。面会をお願いしたが、看護師から、

「今眠っていますから」

と言われ、面会はできなかった。「これは自衛隊機と民間航空機が空中で衝突した大事故だ。このパイロットが事故のカギを握っている」と直感し、「もう少し病院に居て話を聞こう」と思ったが、一刻も早く現地に取材本部を立ち上げなければならないと考え、再び現場へ向かっ

た。無線車にも共同通信から全日空機と自衛隊機が衝突したらしいとの情報が伝えられていた。パラシュートで降りたのは自衛隊のパイロットだったのである。現場付近には、大勢の警察官や自衛隊員の姿が見られるようになった。県警機動隊と陸上自衛隊が到着したのである。彼らの到着する前から地元の消防団員だけでなく、周辺の人たちも懸命に遺体の収容を手伝っていた。また、近くのおばあさんが一束の花をそっと手向ける姿が印象的だった。無線が刻々と情報を伝える。墜落したのは、静岡の北海道旅行の人たちなどを乗せた全日空機ボーイング七二七であり、乗っていた人たちの人数も分かった。乗客・乗員合わせて百六十二名という人数に体の芯が凍り付いた気がした。

現場に到着し、取材基地にできそうなところを急いで見付け出そうとした。警察の現地対策本部が近くの安庭小学校が本部になるだろうと確信し、取材本部もそのそばがいいだろうと近くの農家で電話が入っているかどうか電話線を確かめながら探し、学校の真向かいの農家を借りた。すぐにこのことを本社デスクに連絡し、できるだけ多くの記者を派遣するように手配した。記者たちを自分のところへ集め、現場や遺族、パイロットのいる開業医のところなど分担させたかったのだが、何しろ当時世界の航空機史上最大の航空機事故でしかも自衛隊機との空中衝突という衝撃的な事故である。報道陣も混乱した。本社の「現場に行って来い」の指示通り、記者が皆、墜落現場に散ってしまい、一時間ほど経ってから記者たちが集まった時には、結局同じような記事を書いてきた。それから本格的な取材を始めたが、組織的に動くまでに時間がかかった。苦い記憶である。

予想通り安庭小学校が警察の現地対策本部となり、遺体の収容にもこの小学校の講堂が使用された。取材本部の農家では、当初借りたのは居間だけだったがすぐに記者が増えて、別の部屋も開放してもらった。他の報道機関からも場所を提供してほしいとの申し入れもあったが断り、独自の取材に全力を挙げた。その日の夜、現場に警察庁長官が訪れた。しかし、現場は既に暗くなり、先に立って案内する県警幹部の姿も見えず、長官は現地対策本部がどこにあるのか探しあぐねている様子だったので、私が近づき「対策本部はこっちですよ」と案内した。犠

昭和46年（1971年）7月30日（金曜日）第12231号（日刊）

岩手日報 夕刊

全日空機と自衛隊機空中衝突

盛岡西方 乗客ら17遺体確

防衛庁への連絡によると、三十日午後二時五分ごろ、盛岡市西方約十…の上空で航空自衛隊のF86Fジェット戦闘機二機編隊のうち一機が、全日空58便ボーイング727型旅客機と空中接触し、ともに墜落した。墜落したボーイング727型機には乗員七人、乗客百五十四人が乗っていた。同三時現地からはいった連絡によると旅客機の乗客らしい十七人の遺体を確認した。

医師の特権廃止を 長期税制答申案に追加

落下物が当たりケガ

S46.7.30　全日空機墜落

牲者の多さや民間旅客機と自衛隊機との空中衝突という衝撃が、現場に混乱と動揺をもたらしていたのである。その後、防衛庁の幹部が現場に到着し、静岡から遺族の一行も沈痛な表情で本部に入った。本社デスクと相談し、手分けして遺族の方々から話を聞くように記者全員に伝えた。その頃には、岩手日報社の現地取材本部に無線のアンテナが立ち、社旗が張られた。そして確保した電話にこの大事故の原稿が乗って全国、そして世界中の報道機関へと流れていった。

九　南米視察

昭和四十七年に写真部長、昭和五十一年には報道部長となった。

昭和五十八年二月、南米移住者の活動状況の調査のため、南米各国を単身巡る旅に出ることになった。二十日盛岡を出発し、二十一日午後五時三十分、成田空港からブラジル行きバリグ・ブラジル航空機に搭乗し南米視察に向かった。視察地は、ブラジルのリオデジャネイロ、ブラジリア、サンパウロ、アルゼンチンのブエノスアイレス、パラグアイのアスタシオン、アルトバルナ、ペルーのリマ、アメリカのロサンゼルスなど五か国で、二十四日間に及ぶ取材旅行だった。取材の成果は、帰国後、夕刊に「南米に懸ける橋」と題して、十三回の連載で掲載された。その第一回の記事では、盛岡出身のブラジル三代目駐在公使杉村濬《すぎむらふかし》について書いた。

南米ブラジル第二の大都市リオデジャネイロ。今から二十三年前、人工都市ブラジリアに首都が移されるまでは、ここがブラジルの首都であった。人口は五百四十万人（昭和五十八年当時）世界三大美港に数えられ、ブラジルの商工、観光の代表都市として繁栄し、西欧風の見事な建築物の数々は四百年余の伝統を物語っている。

このリオの中心部にほど近く閑静な一角にサン・ジョア・パチタ墓地がある。そこに一人の盛岡出身の外交官の霊が眠っている。大理石の白い墓石に「FUKASHI　SUGIMURA」と刻まれている。明治三十七年末、ブラジル兼アルゼンチンの三代目公使として着任し、同三十九年五月十九日、リオに近いペトロポリスの公邸で脳出血のため死去した杉村濬（ふかし）の墓である。

杉村公使こそブラジル日本人移民の道を開いた人であった。今年はブラジル移民七十五周年に当たるが、サンパウロ市の日伯文化協会にある日本移民史料館にもその資料がなく、偉大な業績を知る人は日系人の多いサンパウロでも極めて少ない。古い移民の文献にはあるのだが、史実の伝承が断絶しているため、杉村の名は埋没してしまったのであろう。杉村の孫に当たる専修大学の大学院法学研究主任教授福島新吾氏（六十二）は、昨年夏、ブラジルに渡った際、資料を収集し「ブラジル移民の先達の死」として国際協力事業団の本年度の「移住研究」に発表した。

杉村は、ブラジルに着任して早々、サンパウロを中心とした一帯を調査し、「日本の移民地として実に天与の楽郷福土にして、移民だけにとどまらず、鉄道付近の地価極めて安く、資本家、企業家にも好適なところ…」と外務省に報告。これが印刷されて全国各地に広く配布された。当時は日露戦争直後で、復員兵の失業対策として移民政策は重視された。杉村の前任者が、ブラジルは日本移民不適の地と報告していたが、杉村の詳細で、かつ事実の裏付けのある報告書は注目をあつめた。

これに刺激されたのは、その二年後の明治四十一年、七百八十一人の移民の引率者となり、後に皇国殖民合資会社社長になった水野龍である。第一回の移民船笠戸丸によって象徴されるブラジル移民は、実に杉村の先見性のある報告に基づいたのは明らかである。

杉村は、南部藩士の家に生まれ、秋田戦争にも参加、明治十三年に外務省入りした。豪放で卓越した外交手腕の持ち主だった。ブラジル政府は杉村の功績をたたえ、特別列車、二十頭の馬車を乗り継ぐ準国葬級の荘重な葬儀を内外の名士列席のもとに営んだ。その模様は、ブラジルの各新聞に報じられた。

ブラジルの日本人移住史は、実に起伏に富むが、ブラジル社会に日系人が貢献し、日本との友好が確固となった現在、ブラジルの土となった杉村の功績は、改めて高く評価されていい。杉村の墓からは、標高七百九メートルの山頂に立つ三十メートルのキリストの像が望まれ、墓地は常に掃き清められている。昭和の初期に国際連盟事務局次長となった戦前の外交官、杉村陽太郎は、その長男である。（岩手日報　昭和五十八年三月二十三日）

しかし、移住はよいことばかりではなく、むしろ移住者は困難の連続であり、不況や不作で苦境に立たされていた。国も国際協力事業団に対して「既移住者の援護業務については、移住者の自助努力による運営に移行する等、整理合理化を図ること」等と迫っていた。移住に対する肯定的な記事だけでなく、課題もあからさまに記事にしたとして、私を派遣した側の方々から批判もあった。サンパウロのある夜のことを書いた次の記事を読んでいただければ、当時の私の心情を分かっていただけることと思う。

二月中旬のある夜、サンパウロ市の東洋街にあるホテルで盛大なパーティーが開かれていた。邦字パウリスタ新聞の選定した「第二十七回パウリスタ文学賞受賞祝賀パーティー」。百数十人の日系人が出席、その人垣の輪の中に口ひげの顔を上気させ、大きな花束を抱き、胸にリボンをつけた中年の男性がいた。

宮島右近さん（四十八）。ブラジル北部、アマゾン河口に近いベレン市郊外で小さな農場を営む。昭和三十二年春、岩手大学農学部総合農学科を卒業し、県農業団体、県立久慈高校定時制教諭を勤めた後の昭和四十年、新天地を求めてブラジルに渡った。「生まれは福島ですが、岩手県人のつもりですし、人にもそう言っています」と言う。

受賞二人のうちの一人に選ばれた宮島さんは、大学時代から詩や小説の創作に励み、よく新聞などに投稿したり、仲間と詩集を自費出版したりするなど文学青年であった。今度のパウリスタ文学賞受賞作は短編小説「保証人」。宮島さんは自分の体験を下敷きにして書いたという。

「保証人」は農業移住者が数々の困難に遭遇し、信頼する人に裏切られながらも最後まで人の善意を信じて生きていこうとする男の心の内面を淡々とつづっている。日本から携行した金を使い果たし、度重なる天災で営農は行き詰まって、家具も衣類も売り尽くし、最後には妻の母の形見の着物まで売る羽目になった。

知人に母の形見の売却を依頼したのだが、その知人に裏切られて金は入らなかった。だが、思いがけずに融資の保証人になってくれた日系人がいて、農業経営は持ち直すのだが、先に裏切った知人が憔悴し切って現れ、保証人になってくださいと頼み込む。これを断り切れずに承諾したものの、知人に夜逃げされ、借金を背負ってしまう。妻は離婚して子どもとともに日本に帰ると迫るのに対し、夫は静かに語る。

「開拓の初期は誰もが苦労した。そんな時他人の不幸や困難にも人々は心から同情し、助けてあげた。しかし、自分の仕事が大きくなり、生活が豊かになると心が貧しくなっていくんだ。他人の不幸に対し無感覚になってくる。自分、家族、子孫さえよければいいという人ばかりになる。

おれはそんな生き方に反発する。たとえ不幸になって振り出しに戻っても、バカなやつと言われても、私は助けを必要とする人に手を差し伸べたい。子どもたちもやがて分かってくれるだろう」と説く。やがて妻も夫の人間愛に満ちた心を理解し、協力していく。

こうした筋書だが、同じような体験を農業移住者のほとんどが味わい、苦難を経てきただけに、この小説は多くの日系人の共感を呼んだようだ。選考委員の評でも、日系移住者社会の断面をよく描写した力作と紹介されている。

小説全体の中に、宮島さんの人間愛が秘められ、東北人気質が濃く漂っているように思われる。日系人農業移住者たちが、言語、風俗、習慣など違う社会で苦悩し、さらに厳しい農業経営に遭遇したことは当然であった。ついには互いに傷つけ合うことも多かったに違いない。この小説は、その心の痛みが読む人に伝わり、胸を打ったのである。

また、三月二十八日（月）の朝刊の「風土計」には次のように感想を記した。

間もなく新学期が始まる。三月最後の日曜日の昨日は、新入園、入学児のための買い物客で、商店街はにぎわった。至れり尽くせりの学習机、指一本で開閉自在のランドセル、ファスナー付きのズック入れ、差し込んだだけで、きれいに削れる鉛筆削り器などが人気を呼んだという。

子どもがこんなに大事にされる時代はかつてなかった。今の家庭は子どもが一人か二人程度のせいか、どうしても親は過保護に育ててしまう。子どもの生活を便利にしてやることが愛情の発露だと錯覚しているようだ。子ども自身は何も言わないが、便利な生活はかえって子どもを不幸にするのではないか。ナイフの使い方も、ヒモの結び方も知らないまま育ってしまう。便利な道具がそばになかったら生きていけないことにもなろうが、便利な道具に頼る生き方は、子どもの自立を遅らせることにつながる。

先ごろ南米の国々を回ってみて、日本の子どもたちの恵まれていることを痛感させられた。例えばパラグアイの子どもたちだが、小、中学校は午前か午後のどちらかの授業に出席するのが一般的で、全く学校に行けない子どもたちもいる。降りしきる雨の中を必死に物売りをする子どもたちが大勢いた。

八十センチほどのカゴにパンや果実を入れて布に包み、バスの停留所にハダシで立って乗客へ窓越しに売り歩く。細身の体がすっかり雨に濡れて痛ましいが、整った顔立ちの表情の明るいのが救いである。街のあちこちで、木箱を小わきに抱え、くつみがきの客を求めて歩く少年たちも多い。

こうした子どもたちは、パラグアイだけでなく、ブラジルにもペルーにも見られる。だが、それを不幸とも思わず明るく生きているのを目の当たりにして、日本の子どもは本当に幸せなのだろうかと考えさせられた。

十　東京支社長時代

昭和五十九年三月十日付の辞令で、東京支社長を任ぜられた。六月には株主総会があり、取締役となった。東京支社には足かけ六年務めることになった。次女が高校に入学する時期と重なり、盛岡に妻、次女、義母リエが残り、東京の社宅には既に東京で就職していた長女と同じく四月に東京の大学生になった次男が同居した。長男は県南の中学校に勤務しており、家族は岩手と東京に分かれた。

東京支社長時代は、各界の様々な人々との交流があった。作家の井上靖、彫刻家の舟越保武、グラフィックデザイナーの福田繁雄、画家の深沢省三・紅子夫妻、政治家では、小沢一郎、鈴木善幸、女優の宮城千賀子、プロゴルファーの日蔭温子、立行司の木村庄之助などが思い浮かぶ。仕事では電通の社長や副社長、共同通信のデスク、部長クラスとよく交流した。

小沢一郎とは二度ほど独占インタビューを行っている。東北人らしく口数は少ないが、はっきりとものを言い、先行きの見通しが鋭い政治家で人を惹きつける力があった。一問一答の際にも丁寧に答え、実直な人柄が伝わってきた。一度は総理大臣になってもらいたい政治家である。壊し屋と言われる面も否定できないが、民主党が政権を取れるまで議員を増やした力は誰もが認めるところであろう。政治資金疑惑でイメージが低下し、さらに家庭内の問題で週刊誌などに騒がれ影響力が低下したのは残念であった。支社長時代は、小沢に勢いがあり政治家としてもっとも注目された時期であった。自民党の幹事長に就任した時には、世田谷の自宅に幹事長就任の祝意を述べに訪ねた。また、小沢が幹事長になったために、東京支社の陣容を増やしたほどであった。

　女優の宮城千賀子は、宝塚出身で戦前からのスターだった。その宮城千賀子が戦時中には慰問団として全国各地の海軍の慰問もしていた。東

小沢一郎内閣官房副長官に聞く

〝竹下丸女房役〟ふるさと創生推進

対国会・各省庁

調整に一苦労

就任の感想

気を使う点

期待される「根回し」

「創生論」産業の地方分散に力

S62.12.10小沢一郎内閣官房副長官に聞く

京では一年に一回岩手県出身者が集まる「二月会」というのがあった。岩手出身の宮城も出席していたので、「終戦直前に岡崎航空隊の慰問団で来てくれたのではないでしょうか?」と尋ねると、「あなたもあそこにいらしたのですね」と覚えていた。「華やかな舞台でしたよ」と答えると、当時のことを色々と話してくれた。内地の様々な海軍の部隊を慰問して回り、遠くは九州まで行ったのだと言う。戦争末期、空襲も激しくなる中、危険を伴う慰問だったのである。

立行司の第二十七代木村庄之助は本名熊谷宗吉、盛岡の油町の出身でもあり、親近感を抱いていた。地方紙の東京支社長で構成する会で講演を頼んだことがあった。大阪場所の期間中だったが、新幹線を使って東京へ戻り、日比谷のプレスセンターまで駆けつけてくれた。小学校四年生ぐらいの年に弟子入りをして、一九三六年に初土俵、一九七四年に四十八歳で立行司に昇格、式守伊之助を襲名、一九七七年には五十一歳の若さで二十七代庄之助に昇格した。若いときのエピソードで、入門間もない力士の取組の行司を務めていた時に、にわかにトイレに行きたくなったそうである。すでに立ち合っていた力士に待ったをかけ、組手をしっかりと確認してトイレに駆け込んだ。しかし、近くにトイレがある訳でもなく、長い「待った」となってしまったのだという。まだ若い行司なのに、落ち着いてきちんと待ったをかけ、組手を確認してトイレに行き、戻ってから取組を再開したという経緯に横綱の玉錦がいたく感心して、庄之助に一円をくれたそうである。当時の一円は現在の一万円位にはなるであろうか。また、講演会では「今の横綱と戦前の横綱ではどちらが強いか」との質問があった。戦前の強い横綱（玉錦や双葉山）は相手を投げ飛ばすときには、落ちるところに客がいるかどうか確認して投げた、という逸話を披露してくれた。

東京支社長時代の最大の出来事は昭和天皇の崩御である。昭和六十三年、陛下のご容体が悪化し、日ごとにご病状が心配されるようになった。民間会社を含む多くの会社企業が会議、会合等を自粛するようになり、世の中全体が自然に歌舞音曲などを控えるムードになっていった。東京支社では万一亡くなられた場合に備え、必要な原稿を共同通信と協力して少しずつ準備していた。

海軍に入り少年兵として北海道で終戦を迎えたこと、復員し鉄路で帰郷する途中、同分隊の仲間が小さな駅で降り立ち敗戦の悔しさに泣き、再会を誓い合ったことなどは既に述べた。私も一度はお国のために死を決意したわけだったが、敗戦の憂き目に翻弄されながらも昭和の時代を生き抜いた。当然、複雑な心境であった。そして、陛下の病状に一喜一憂した。

昭和六十四年一月七日、昭和天皇が崩御した。悲報が国中を駆け抜け憂色に包まれた。やはりその日が来たかと思うと、悲しいというだけでなく、ある種の衝撃があった。日本にこれからどういう時代が到来するのか、何か厚い雲が目の前を覆うように思えた。

戦前、軍が天皇を担ぎあげて戦争への道を進んだ。一少年兵であった私たちも、死を決意させられた。これらの経験から戦前の天皇制には否定的な見方をしてきた。しかし、終戦近く、一億玉砕を叫ぶ軍部に対し御前会議で無条件降伏を受け入れ、民族滅亡の危機を回避したこと、象徴となった天皇の存在が終戦後の国民の心の支えとなり、混乱から復興へと早期に向かうことができたことも事実である。そして、平和な時代が長続きできている陰には、天皇が日本人の心の拠り所でもあっただけに、本当に平和を維持することがどんなに困難なものであるか考えさせられた。

私は一人、皇居前の記帳所に出向き、鎮魂を祈った。曇り空の肌寒い夕暮れであった。太平洋戦争のような理不尽な戦争の無い日本を維持してほしい、と陛下は最後まで願っておられたのではないか。同じ困難な時代を生きてきた私たち元少年兵には、戦争の実態を後世に伝えていく義務があろうとその思いを強くしたことを覚えている。

二月二十四日、大喪の礼は冷たい雨の日であった。私は皇居前で昭和天皇の葬列を見送った。激動の時代、昭和が終わった。

警察記者時代　～「続・警察記者十年」より～

「続・警察記者十年」は、警察の機関誌「岩手の警察」に、昭和四十九年の一月号から十二月号までの一年間、私が執筆を担当し連載された記事である。その中から五編を選び、改めて手を加えた。

一　国鉄職員の八幡平遭難事故

昭和三十二年の大晦日、夕刊も年末で休刊なので、ゆっくり寝ていようと思っていたが、朝七時に社から呼び出しがかかった。盛岡市内の水田で老婦が殴殺されたのだった。同僚と共に取材し、慌ただしい大晦日の一日を過ごした。翌日の昭和三十三年の元日、恒例となっていた社内の新年祝賀会に出席しようと珍しく新しい背広を着込んで出社した。すると、社内は異様な空気に包まれていた。私が顔を見せるやいなやTデスクが、

「今君を呼び出そうと思っていたところだ。すぐにジープで松尾鉱山へ行ってくれ」

と言う。

暮れの三十日に帰る予定で八幡平へスキー登山した国鉄職員ら六人が遭難したのである。私より先にO記者が松尾へ出かけているとのことで、Sカメラマンとともに猛吹雪の中を松尾鉱山へ向かった。二日付の新聞は元日が休みなので休刊にするのだが、号外を出すという。何しろ六人の遭難は県内の山岳遭難では最大のものであり、県民を驚かせた。

記者たちは、松尾鉱山事務所の一室に置かれた対策本部に詰め、唯一の旅館であった松岳館を取材基地にした。対策本部には悲痛な表情の家族をはじめ県山岳関係者、岩手署のH署長、T警ら交通係長等が顔を見せ、地図を広げて捜索コースを検討していた。真冬の八幡平は積雪三メートル前後、毎日のように猛吹雪に見舞われて視界がきかず、捜索の難航が予想された。こうした悪条件の中で、捜索隊員として参加できるのは、冬山経験があり、しかも山スキーの得意な人でなければならない。県山岳会の精鋭と県警機動隊員の一部百数十人によって捜索隊が編成された。

この頃は、ハンディトーキーなどはなく、「もみ山山荘」と陵雲荘に非常電話があるだけで、隊員が山小屋に到着するまでは、通信不能だった。いつどこで救出されるか分からないので、新聞各社一人ずつが「もみ山山荘」に泊まり込み、私も鉱山の対策本部に待機して朗報を待った。

「第○班出発します！」

と元気な声を残し、黙々と吹雪の中へ消えて行く山岳会、機動隊員の後ろ姿を見てある種の感動を覚えた。警察記者は、こうした遭難事件も担当するので、平常から登山についても勉強しておく必要があろう。まして山岳遭難は、人々の関心を集めるニュースであり、新聞としても大きく取り上げられるので、社の総力を挙げて報道するのが通例だった。我々も記者四人、カメラマン二人、写真電送機も備えて取材に当たった。遭難した六人がどこで、どのように遭難したか、当時のデータを基に、その可能性を記事にし、安否を気遣う家族の表情、捜索隊の動きなど、各社と競争して報道した。一月の松尾鉱山は、連日氷点下十数度にも下がり、旅館の部屋の中まで雪が吹き込み、帽子、靴下、襟巻きを着けたまま寝る有様だった。結局五日間にわたって大捜索が行われたが、八幡平の大自然は、捜索隊をはばみ、手がかりさえ与えてくれなかった。

その後、雪解けを待って遭難者の職場の仲間たちが捜索を続け、我々も何回か同行したが全く徒労に終わった。しかし、遭難から七カ月経った昭和三十三年七月中旬になって、秋田の山岳関係者が、藤七温泉西側の伝左衛門沢の谷川で遭難者のストックを発見した。同僚のM記者、

Kカメラマンが捜索隊に同行し、伝左衛門沢に向かった。ストックが流れ着いた上流に遺体があるに違いないと判断されたので、私は盛岡市内の伝書バト協会に頼んで、優秀な伝書バト十二羽を集め、ジープで藤七温泉を目指した。なにしろ原始林の樹海から短時間に遺体発見の写真を本社まで届けるためには、伝書バトが最適だろうと考えたのだ。松尾村の柏台から水道コースと呼ばれる登山道をジープで進むのは全くの難行で、何度転覆しそうになったか分からない。その頃、先発したM記者たちは、すごいヤブをかき分け、谷川に腰まで浸かりながら四時間もかかってストック発見現場に辿り着いて捜索を展開していた。道案内に頼んだ松尾村猟友会員の連れた猟犬が、盛んに吠え立てたことから二遺体を発見した。Kカメラマンが撮影したフィルムを伝書バトが一時間足らずで盛岡へと運んだ。

残る四遺体も近くにあるだろうと翌日、我々は伝左衛門沢に向かった。現場付近で懸命に探し回ったが、六人分のスキーを見付けただけだった。遭難した六人は陵雲荘から藤七温泉に向かったのだが、尾根を一つ間違ったため大きく西側にそれ、気が付いたときは、伝左衛門沢の奥深く迷い込み、引き返すこともできず、疲労と寒さから死んでいったのだった。

伝左衛門沢で、山岳会員や岩手署員とともに我々も薪集めを手伝い、二遺体を火葬した。抜けるような青空に向かって谷底からまっすぐに立ち上っていく紫色の煙をいつまでも無言で見上げていたことを思い出す。四遺体はいくら捜しても発見できず、現在に至るまで見つかっていない。

全員のスキーを発見
捜索隊 同じ伝左衛門沢で

七温泉にて村田特派員発】十
五日午前四時半藤七温泉を出発、伝左衛門沢を下った松尾鉱山山岳部田村初太郎=同鉱山取締役、同鉱山親交会松村幸一同保安課勤務、戸田富氏作同厚生課員=さんらと松尾鉱山所管警部補一巡査部長同の一行五人は午前ころ、さきに栗山氏がスキーとストック一組を発見した地点南三十メートル、約六十度傾斜したヤブの中でスキー五組半（うち一組は検察庁の商印）十五メートル下の岩塊の真下でストック一本「東洋ビスケット」と印された商標紙、電話九八四にある精肉店（盛岡市館坂）の包装紙、それに小さなビニール袋一つと、たばこ朝日の吸いがら一本を発見、スキーは全員分がみつかったわけで遭難者一行は藤七温泉から藤七の尾根を越え、伝左衛門沢に迷い込んだものと推定されるが、この新しい遺品の発見地点は六人の遭難場所ではないかとみられ田村氏らは一時間半に

泉に到着、田村氏らから捜索の状況を聞いたが、同日午後は沢の上部までを踏査、藤七温泉に帰って一泊、十六日早朝遺品発見の現場に向かうことになった。工藤氏はスキー十一本などを発見したことについて次のように語った。

現場にスキーがきちんとあったことは、一行の体力が当時まだ残っていたことを物語っている。スキーを投げて新しい行動に移ったとの見方が成立するが、そうすればこの地点から少し離れたところに死体があるのではないか。ただ下りたか上ったかが問題なので十六日は一応両方の線で遺体捜索に努力したい。

やぶ地にスキー林立
苦闘を語る遺品の数々

六人の魂が眠る八幡平は今ちょうど初夏の気候、山なみの空はあくまで澄み、アオモリトドマツのこずえにウグイスの声が高い。

〇…田村氏らは午前四時二十五分藤七温泉を出発、予定通りモッコ岳の肩から湿地を下り、湿地帯を越えて伝左衛門沢に到着した。沢伝いに数ヵ所の小さな滝を越え、栗山氏が小笠原君のストックと斎藤さんのスキーを発見した地点についたのが同七時半。すぐに二班に分れて付近の捜索に取りかかったが、田村班が小滝の北側の傾斜地をトラバースした途端、田村氏の目に林立するスキーが飛び込ん

に二メートルぐらいの岩塊が二つありその下に十メートル四方のコケとやぶの混生地帯にストック一本が倒れていた。少し離れた所にビニールの袋や朝日の吸がらなどが点在していた。この地点は岩かげであり、スキーを脱いだ一行が小休止したのではないかとみられる。結局栗山氏の発見したスキーとストックはその下方約三十メートルの地点にあたるが、これは沢の流れで押し流されたのではないかとみられている。

〇…田村氏と青柳巡査部長らは現場付近の木を伐採、新しく発見された遺品をそのままに保存、現場に二本の木を立て、その間にセロテープを張りめぐらして藤七温泉に帰った。

斎藤さんのスキー
最初に発見されたもの

八幡平で発見された遭難者のスキー片方とストックの写真が十五日付本紙朝刊で報道されたが、この写真から盛岡地検の調べでストックは小笠原康彦君が持っていったものに違いないが、スキーは小笠原君のものでなく、盛鉄局で調べた結果、単板なので同局機械区職員斎藤喜助さんのスキーとわかった。

太野さんの購入品
小泉肉店の包装紙

八幡平の伝左衛門沢で発見された「九八四二」の番号入り包装紙は盛岡市館坂七二小泉肉店=小泉盛々男さん方=のもので、小泉さんの話によると遭難者の一人国鉄盛岡資材事務所太野登さんが八幡平に出発する前日の昨年十二月二十八日にハムを買った際の包装紙だといっている。

応募少
法外勤 拒否闘

県交通安全協会江刺支部（支部長菊池正治氏）と江刺署（署長鈴木喜氏）は交通安全カレンダーの作製を企画、江刺郡内の小、中学校高校生から安全標語を募集していたが、教組の法外勤務拒否闘争で応募の手配がされず、作製でき

S33.1.

二　調理師一家三人皆殺し事件

昭和三十三年四月十八日、春の遅い盛岡地方もすっかり陽気になり、桜のつぼみも日ごとにふくらみを増していた。

その日の朝七時頃、盛岡市中心部の住宅密集地に住む調理師中川さん（仮名・六十歳）方の裏戸に新しいカギがかけられたまま開かないのを不審に思った隣人が、表窓の隙間から人の倒れているのを発見して盛岡署へ届けた。

近所の人たちが不審を持ったのは、この日の未明、午前二時十五分頃、中川さんの家から、

「誰か来て！　助けて！」

という女の助けを求める声が聞こえ、さらに何か物を引きずる音がしたのだった。叫び声に目を覚ました隣のKさんの妻Sさん（三十三歳）が、裏口から、

「中川さん、どうしました」

と声をかけたら、

「何でもありません」

という答えが返ってきた。Eさんは中川さんの養子優介君（仮名・十八歳）の声と思い、別

に変わったことでもなさそうだと考えて、再び床に就いたということだった。しかし、朝になってどうも不思議な気がして、Kさんや未明に叫び声を聞いた近所の人たちが中川さん方の裏口に集まり騒ぎ出したというわけである。

この日の朝、午前七時四十分頃、私はT社会部長から電話で、

「市内で殺人事件だ。すぐ現場へ行ってくれ」

と指示を受けた。すでにM、O両記者、Kカメラマンが現場に到着していた。地元紙のわが社はもちろん一番乗り、というより盛岡署の車と同時に着いたと後で聞いた。実は、中川さんのごく近所に、わが社に親子ともども勤務しているTさんの家があり、息子のI君が殺人事件らしいと聞くや自転車に飛び乗り、本社へ注進に及んだのだった。折良く前夜痛飲して宿直室に寝ていた警察担当のO記者、鉄道担当のM記者がタクシーで駆けつけた。中川さん方に入ってみると、玄関寄りの七畳間で養子の優介君、六畳間の押し入れに中川さんと妻のハナさん（仮名）が死んでいた。中川さんの家は、通りから露地を入った四戸建て棟割り長屋で、南端から二軒目、三方は墓地や畑になっており、夜間は人通りの少ないところだった。中川さんと両隣は、壁一枚で仕切られ、互いに物音や話し声が聞こえるということだった。私が現場に駆けつけた時は、すでに厳重な現場保存が行われ、内部の様子は分からなかったが、先に到着したM、

O記者らは内部を垣間見てその惨状に驚いていた。

警察の物ものしい態勢、近所の人の話から判断して殺人事件であることは間違いないと思ったが、後で一家心中だったということもあり得るので、その確証をつかむことが先決だった。T社会部長は、特に「事件もの」に鋭い観察眼を持ち、我々はうっかりできなかったのである。夕刊の締め切り時間が迫ってT社会部長は電話で、

「本当に殺しなのだな。よく見てくれよ」

と念を押してくる。現在は記者会見で、事件の概要を発表してくれるが、当時は何から何まで自分たちで調べなければならなかった。まして現場検証前の段階では、詳細な状況を知ることは不可能だった。それでも現場に出入りする係官から断片的に聞き、それを繋ぎ合わせてなんとか概要が分かっていった。問題は、「殺し」の決め手となる事実が不足だったことだった。

そのうちに、県警本部捜査課のT係長がヒョッコリ私の前に顔を見せた。

「殺しだという決め手は何ですか。一家心中の疑いはないでしょうね」

と水を向けたが、

「私の口から言えないよ。勘弁してくれ」

と逃げる。

「実は夕刊の締め切りが迫っているのですよ」

とこっちは必死である。殺人事件なら大々的に大きな見出しで報道されるし、一家心中ならそれよりかなり小さい扱いになる。殺人事件が後で一家心中だったということになると大失態となる。

いつにない深刻な表情だったと見えて、某係長は、私の顔をじっと見て、

「死んだ人は、毛布をかぶらないんだナ」

と独り言のように言って、被害者の家の中へ姿を消した。

確かに死んだ人は毛布を掛けることはできないわけで、明らかに第三者が死体に毛布を掛けて立ち去ったことを某係長は私にナゾを掛けてくれたのだ。

「殺人事件間違いなし」

と電話で本社デスクに急報したことは、いうまでもない。

その日の内に、現場に残されていた菓子折などの手がかりから、盛岡市内の金融機関の職員の内山武男（仮名・二十三）が容疑者として浮かんだ。集金に行ったまま昼になっても帰らないのだという。中川さん方に数日前訪ねて一泊したことも明らかになった。本署の鑑識が内山の顔写真を何十枚も焼き増ししていることも取材で知り、「指名手配だ。犯人逮捕は近い」と

考えたが、盛岡署で午後七時過ぎに行われた記者会見では、

「犯人を割り出す手がかりは現場に何一つありませんでした。慎重に初動捜査を行って早期対決を図る決意です」

と K 署長が述べた。内山が手配されていることを知る我々は、警察が犯人割り出しを内山に悟られないための芝居と受け取った。しかし、この頃市内N小路の内山の家では、地検検事の指揮で家宅捜索が行われていたのである。そろそろ朝刊の記事を書き出す午後九時頃になってもどうして内山が犯人と断定されたのか、我々には分からず、気持ちはあせるばかりだった。鑑識係の部屋に捜査員が数人集まっていたので、そこで話し込んでいたが、事件の核心については誰一人話してくれなかった。そのうち署のスピーカーが、

「ただ今より捜査会議を開くので、捜査員は全員、刑事室に集合」

と告げた。刑事たちはゾロゾロと部屋を出て行った。その時私は、特に懇意にしてもらっていたC刑事の背後に立ち、背広の下端を固く握って後ろから引っ張った。二人だけになってから内山がなぜ犯人と断定されたのか何とか聞き出すことができた。内山は、何食わぬ顔をして出勤し、中川さんから頼まれたと行って二十万円の定期預金を引き出し、集金に行くと称して外出、そのまま所在をくらましたと言う。そのほか、内山が前日に市内の菓子店で菓子折を買っ

た事実も判明したのであった。これだけ分かれば、逮捕令状を請求できるのは当然であり、我々も確信を持って内山の犯行、指名手配を翌朝の新聞で報道できたのである。

現場検証の際のT係長といい、C刑事といい、日頃の信頼関係が新聞記者にとっていかに大事か改めて感じた。また、大事件であればあるほど、我々も聞き込みがより重要になる。下手な聞き込みをして逆に捜査員に迷惑を掛けることもあるのも事実だが、警察の発表を待っていたのでは、仕事にならない一面もあるのである。一家三人皆殺しの場合は、物盗り↓預金の現金化↓金融機関↓犯人という具合に無駄な動きをしないまま到達できたが、これはまぐれ当りの部類である。こんなにうまくいったのは、十年近い警察記者生活で、二、三件だったと思う。

さて、犯人内山はどこへ消えたのか、いっこうに手がかりはない。盛岡署の捜査で、内山が集金に行った自転車を盛岡駅近くで発見し、タクシー会社からの聞き込みで犯人に似た男が、事件当日の午前十時過ぎ、列車に乗り遅れ、紫波町日詰までタクシーに乗ったことが判明、さらに日詰から別のタクシーで花巻市へ、それから水沢駅から東北本線の上り列車に乗ったことが確認された。しかし、その後は全く不明だった。

この事件が新聞などで報道され、県民の驚きは大きなものがあった。ことにも犯人が信用を第一のモットーにする金融機関の職員であり、しかも得意先一家三人を惨殺したというのだから驚くのも当然であった。

まれに見る大事件とあって捜査当局は一刻も早く内山を逮捕しようと二枚の顔写真を刷り込んだ「強盗殺人犯人手配書」一万五千枚を作製して県内はもちろん全国にばらまいた。県外に高飛びしたことはほぼ間違いないものと見られたが、高飛びを装って盛岡市内に逆戻りして潜伏していることも考えられることなので、捜査員は金融機関関係、友人、同窓生などから内山についての情報を懸命に集め、次第に内山の犯行前後の行動、動機、人間像などもはっきりしてきた。内山は、犯行前夜の十七日午後七時頃家人に、

「借りたカサを返してきます」

と言って家を出、自宅近くの材木町の菓子店で菓子折を買い求め、八幡町の喫茶店に立ち寄ったあと、午後八時頃中川さん方を訪ねたことがわかった。次の日の午前九時過ぎ、現場近くで内山とは顔見知りの二、三人が、人垣の中に内山の姿を目撃したという証言があった。内山は、犯行後、中川さんの定期預金を勤め先で現金化したあと、集金に行くと言って自転車で勤め先を出て現場付近に現れ、事件が発覚したかどうか確かめたのだった。しかし、すでに中川さん方付近は、警察官、報道陣でごった返し、この状況を見て身の危険を感じた内山は、盛岡駅に直行したものの、上野行き急行「みちのく」は数分前に発車したばかりだったので、タクシー

を拾って盛岡を後にしたというわけである。

それにしても、わずか二十五万円前後の金ほしさから、前途ある青年が一家三人皆殺しという大それた事件を引き起こしたことは、不思議でならなかった。我々も手分けして内山の交友関係、勤務状況について聞き回った。

その結果、高校時代から賭け麻雀を覚え、麻雀クラブで毎週のように卓を囲んでいたらしいということがわかった。そのうちに負けが込んで金に困っていたうえ、キャバレー遊びにも金を使っていたことが明らかになった。勤務先の支店の調査で、やはり二十万円ほどを横領していたことも分かった。内山について、友人たちが語るには、人ざわりはよく、おとなしい性格だが、自己中心の物の考え方をし、見栄坊でかなり思い切ったことを平気でする男、ということだった。

我々新聞記者も早朝から深夜まで警戒の連続だった。戦後最大の殺人事件の犯人がいつの間にか留置場に入っていた、という結果になっては、読者はもちろん社に対しても申し訳が立たない。少し大げさに言えば、新聞記者一代の汚点にもなりかねない。逮捕の瞬間の写真まではともかく、連行写真ぐらいは是が非でもわが手で…というわけである。県警捜査課に一日何十回も足を運び、〝内山逮捕〟の報を待ち続けた。いつどこで逮捕されるかわからないため、神

経を使うことおびただしい限りだった。事件後半月経ち、二十日も過ぎる頃には、捜査員の間からさえ、

「自殺しているのじゃないだろうか」

「金を使い果たして再犯を重ねなければいいが」

といった会話も聞かれるようになり、我々も心身ともくたくたになって、「忘れた頃につかまるのかナ」と熱も失いかけていた。いつの間にか桜もすっかり散り、新緑が日ごとに濃くなった五月十五日、午前一時近くだったと思うが、社の宿直員からの電話で起こされた。

「内山、東京で逮捕、大至急出社せよ」

と言うのである。いっぺんに眠気も吹き飛び、あわただしく編集局に駆け込んだ。この時間帯は、朝刊市内版の製作にぎりぎりで、全力投球が要求される。私と前後してT社会部長、M、O記者らも飛び込んで来た。第一報は、我々の社が加盟している共同通信社社会部からだった。十四日午後十一時五十分、警視庁捜査一課地方係の刑事が、東京都台東区内のホテル付近で内山を逮捕したという内容で、全国の新聞社に配信するニュースなので、内容はごく簡単なものだった。地元紙としては、どうしても逮捕の状況、いきさつ、内山の様子をつけ加えることが必要である。ただちに警視庁に電話を入れ、地方係に接続してもらったが、すでに係長のM警

部は帰宅した後だった。ところが地元の新聞社ということで、地方係の刑事が実に協力的で、M警部の住む所轄署に電話を回し、さらにそこからM警部宅へつないでくれたのである。M警部は、逮捕のいきさつなどを詳しく話してくれた。さらにFホテルにも電話して、帳場の女事務員からも事情を聴くことができた。当時の県警関係者や被害者の近親者、勤め先の理事長の談話も取材して、かなりくわしい「内山逮捕」のニュースを朝刊市内版の一面トップに組み込むことができた。その上、警視庁に連行された内山の写真も共同通信から伝送され間に合ったのだった。

警視庁は、盛岡署が作製した詳細な手配書を都内の各旅館に配付、不足分は刑事が携行して見せて回ったのである。浅草署の刑事が、管内のそのホテルを訪ね、「この男が泊まっていませんか」

と聞いたところ、ホテルの従業員が手配書の内山の写真を見て、

「アッ、あの客だ」

と驚きの声をあげた。その客は、五月五日から七日まで投宿し、スーツケースを預けて熱海、京都方面に出かけて留守だということだった。ただ、十一日夜、京都から電話をよこし、「誰か私を訪ねて来なかったでしょうか。もし来たら、うるさいやつなので、泊まらないと言っ

てください。十三、十四日頃そちらに帰ります」

と伝えて来たというのだ。係のお手伝いさんの話によるとその客は、投宿した際、部屋に入るなり新聞紙に包んだ千円札十三万円を預けたということだった。

この情報を重視した浅草署は、ただちに警視庁に連絡、捜査一課地方係の刑事をホテルに急行させた。ホテルの責任者立ち会いでスーツケースを開けて見ると、「死への旅の記録」と標題のある大学ノート一冊が出てきた。これに犯行時の模様や逃走の経過、金の使途が鉛筆で細かに書かれていた。このノートによってその客は犯人内山であると断定、三人の刑事はM警部の指示で、十三日からホテルに張り込み、必ず内山は舞い戻ると確信して待ち続けた。このホテルのすぐ近くに「サニー（仮称）」というバーがあり、京都方面へ行く前に内山が何度か飲んでいたので、ここのバーテンにも、内山が現れたならホテルの刑事に秘かに連絡してくれるように依頼していた。

こうした警視庁の厳重な捜査網を知らぬ内山は、十四日夜十時過ぎ、「サニー」に姿を見せた。これを見たバーテンは、ちょっと世間話をしてからそっとカウンターを抜け出し、ホテルに通報した。三刑事は「サニー」に入ってくるなり、内山の腕を取ると一瞬顔色を変えたが、いつかこの瞬間が来るのを予期していたのか首を垂れ、静かに逮捕に応じた。

一方、「内山逮捕」の報で十五日朝の盛岡署の刑事室は沸き返るばかりだった。県内各署から、
「おめでとう」
の電話が相次ぎ、署長以下皆相好を崩し、
「肩の荷が下りた。今晩の酒はどんなにうまいか」
と我々と語り合うほどだった。祝日、日曜もなく、お花見も忘れてかけずり回った刑事たちの喜びも格別だった。我々警察担当記者もなぜか足の軽さを覚え、ともに刑事たちと肩をたたき合っていた。

その頃、内山は殊勲の三刑事に付き添われ、一路盛岡へ護送されている途中だった。同僚のM記者が仙台から同乗、車中の内山を取材した。

「…仙台駅から盛岡署のT部長刑事などが護送に乗り込んできた。…北上平野は今菜の花がまっ盛り、じっと車窓から見つめる内山。こうして岩手に入った。水沢・北上・花巻、このあたりから彼の目は車窓に吸いついて離れない。やがて盛岡の灯が見えてきた。捕らわれの身となって再び見る盛岡の灯、心なしかおえつをこらえているようだ…」

M記者は押送の模様をこう綴っている。

午後七時二十八分、内山を乗せた列車が盛岡駅に着いた。駅頭には二千人を超す群衆が待ち

受けていた。ホームも改札口も殺人犯内山を一目見ようとする人の波で埋まる中、刑事に抱えられるようにして自動車に乗り、盛岡署に無事押送されたのだった。簡単な調べのあと、内山は記者団と異例の一問一答に応じた。その中で内山は、

「申し訳ないことをしました。いずれ死のうと考えていました」

と素直に語るのだった。

十六日からの取り調べに内山は悪びれずに全面的に自供した。犯行の動機は、使い込みが多額に達し、いずれ発覚するものと考えて自暴自棄になり、最後を派手に遊んでやろうと計画したというものだった。自分が勧誘して加入させた中川さんの定期預金が満期になるのを思い出し、中川さんを殺して定期預金の通帳と四万七千円の普通預金を入手しようと決意したのだという。そして四月十三日、市内の金物店から出刃包丁、砥石、錠を買い、中川さん宅を訪問した。

「バスに乗り遅れた」

と口実をつくって泊まったもののなかなか思い切れず、凶行を思いとどまったという。朝、雨が降っていたのでカサを借りて帰った。十七日、再び中川さん方に泊まって午前二時頃起き出して三人を殺害したのであった。

自供内容が報道されて、内山が何の罪もない得意先の一家三人を、自分の使い込みの道連れ

に惨殺したことが分かり、今さらながらその自己中心の一人の青年の非人間性に県民は強い怒りを覚え、多くの投書が寄せられた。果たして内山は、自分の罪がどれほど深いものか知っているだろうかと考えたとき、私は内山に手記のようなものを書いてもらおうと思った。今では被疑者に手記を書かせる新聞社もないし、警察も認めるものではないが、当時、盛岡署のある幹部は、私の考えを理解してくれて、万年筆と便せんを内山に渡してくれた。「此の度この事件を起こし誠に申し訳なく思っています。後は罪をつぐない、三人のめい福を祈るつもりです。お父さんお母さん本当にすみません」

と書いてよこした。この一文を筆跡そのままカットにして報じた。

県民を驚かせた三人皆殺し事件は、こうして解決したわけだが、自分さえよければ、他人はどうなってもいいという風潮は、現代の若者の間に強弱の差こそあれ、共通してあるような気がしてならない。内山の事件は、こうした傾向のハシリだったのかも知れない。

内山は六月四日に盛岡地検から強盗殺人、業務上横領、詐欺罪で起訴され審理が行われた。翌昭和三十四年三月二十六日に判決公判が開かれた。裁判長は、

「目的のためには手段を選ばぬ恐るべき自己中心主義で、犯行は残虐極まりなく、善良な三つの命を奪ったことは許し得ない」

として求刑通り死刑を言い渡した。その後内山は控訴、上告を行ったが、昭和三十五年三月二十五日、最高裁では上告を棄却する判決を下し、ここに内山の死刑が確定した。

最初に泊った時（4月14日）にも
三人殺しはかる
自供

十五日夜、東京警視庁佐田部長刑事らによって盛岡署へ護送された一家三人殺しの容疑者、元盛岡営林署雇…川村宮夫…は同署の留置場で一夜を明し十六日午前九時十五分から境井警部補、…巡査部長によって本格的な取調べが始められた。

川村は午前中の取調べで『丸首シャツ、ステテコ姿で三人を殺した』と述べたが、ヒサさんに対する"恨み"の内容や凶器の持ち場所についてはただむせび泣くばかりではっきり答えていない。犯行の模様、逃走経路、動機なども興奮しているのでいまのところ断片的にしか自供していないが、惨劇の状況については次のように語っている。

（写真は盛岡署で一夜を過ごし取調べ室に入る川村）

投票日の休校まちまち

S33.5.15

三　釜石市女子職員殺し

昭和三十六年四月、釜石港の岸壁に白、青、黄色に塗った北洋サケマス漁船がびっしり繋留され、間近に迫った解禁を前に、出漁準備が始まっていた。地元船のほか、全国各地の漁船団で、血気盛りの乗組員たちが、町に繰り出し、残り少ない陸上生活を楽しんでいた。

また、釜石製鉄所では、合理化工事が行われて設備増設、新設の大工事が行われ、全国からの労務者が集まって、かつてない活気を見せていた。

その頃、内陸部より一足早く桜も満開で、町中にぎやかな日が続き、これを裏書きするように、連日けんか騒ぎが絶えなかった。

「また北洋サケマスシーズンか。海難事故が起きなければいいが」

「バカに町は騒々しいが、変な事件はいやだね」

新聞記者たちは、こんな会話を交わしていた。

四月十三日、きれいに晴れた日曜日。夕刊は休みだし、のんびりできると思っていたところ、家の前をスーッとパトカーが通り過ぎていく。乗っていた顔見知りの署員が、玄関前に立つ私の顔を見て、後ろを指さす。そのようすから見て、早く本署へ行けと言っているようだった。

毎日の日課でもあるし、とにかく署へ行こうとバイクに乗って釜石署に駆けつけた。

当番長は、私の顔を見るなり、

「山川医院（仮名）だよ」

と知らせてくれた。署内の緊張した空気から、「これは殺しか、タタキ（強盗）だな」と感じ、山川医院へ急いだ。山川医院の庭園は人だかりがして立ち入り禁止のロープも張られ、T署長、S刑事課長らが、厳しい表情で指揮していた。現場のようすを一目見て殺人事件だと直感した。殺されていたのは、釜石市役所職員のTさん（当時二十七歳）だった。死体は山川医院の庭園西側門から五～六メートル入った植え込みの中にあり、両足をのばし、仰向けになっていた。着衣が乱れていた。

この日の朝五時頃、ニワトリのエサを探しに歩いていたOさん（四十七歳）が、門越しに植え込みの方を何気なく見て発見したのだった。盛岡地検K検事らが盛岡から急行して現場検証が行われた。死体は岩手医大の法医学教授によって解剖された。その結果、死亡時刻は前夜の十二日午後十時半前後と推定された。首には皮下出血があって手か腕で絞殺され、乱暴されていたこともわかった。

山川医院は、裏通りにあるのだが、人家が建て込んでおり、近くには市公民館もあって、昼はかなり人通りのあるところである。事件当夜、近くの公園や寺院は、花見客で賑わっていたが、午後十時過ぎには、人通りも少なくなり、街灯も故障して、この付近は暗かったことがわかった。現場検証の結果、犯人の遺留品はなく、ただTさんが普段所持していた財布がなくなっていた。その間、刑事たちが聞き込みを行っていた。Tさんは同級生のAさんとともに、友人の結婚祝いに出かけた。十時十分頃にAさんと途中で別れ、一人で自宅に向かったことが判明した。被害者のTさんは釜石高校卒業後、家事手伝いをしていたが、三年前から釜石市役所に勤務、明るい人柄で、同僚の間でも信望のある娘さんだった。我々釜石支局の新聞記者も家族や同僚らと会って話を聞き、顔写真も借りたのだが、写真の顔には確かに見覚えがあった。現場の状況からみて暴行を目的に一人の女性を襲い、人目につかない庭園に引きずりこんで乱暴、殺害したものと推定された。殺したのは激しく抵抗されたためか、あるいは顔見知りで、口封じだったか見方の分かれるところだった。なぜか近所で悲鳴を聞いた人も、犯行を目撃した人もなかった。

さて、こうした状況から私は。かなり面倒な事件だと考えた。犯人の遺留品もなく、屋外の事件ときては、誰しもがそう思ったのではないだろうか。特に北洋サケマス漁に向かう漁船員、釜鉄工事の労務者、内・外航船員が町にあふれ、しかも花見シーズンなのだ。暴力団員、不良少年グループも少なくない。捜査は最初から難航が予想された。

「これは大変だぞ。実況検分、初動捜査を綿密にしよう、と全力を尽くした」と後にS刑事課長が述懐したほどであった。

漁船関係、暴力団関係、労務者関係というように刑事陣を分け、他の署員も挙げて大捜査が繰り広げられた。しかし有力な情報はなかなかつかめなかった。

被害者のTさんが、友人のAさんといっしょに歩いているのを見かけた人は何人かあったのだが、TさんがAさんと別れて、一人で自宅方向へ歩いているのを見た人はなく、不審な男の目撃者もなかった。

この事件は、釜石市の中心部で起きただけに、市民に強い不安を抱かせ、その前からも傷害事件が頻発していたこともあって、一日も早い解決を願う声が強かった。

当時の市長鈴木東民は、部下の女子職員が被害者だったこともあって青年、婦人団体、社会教育関係者などに呼びかけ「明るい町づくり運動協議会」を事件後、四日目に結成した。「市民の力で町を明るくしよう」という趣旨だったのだが、特殊な市民感情も一部にあって、警察は信頼できないという気持ちが、底流にあったことは否定できなかった。したがって実際に捜査にあたっている署員にとっては、やりきれなかったに違いない。しかし、捜査員は、必ず犯人を検挙して市民を安心させるのだと心に誓い、綿密な捜査を連日深夜まで続けていた。

四月も終わろうとする頃、サケマス漁船は次々と北洋の漁場に向かって出港していく。また、労務者の出入りも激しく、T署長はじめ警察首脳部の間に、あせりの色が見えてきた。その間にも地道な捜査は続けられ、不良船員、暴行前歴者、事件当夜の不審者など三百人余に当たり、血のにじむような努力が積み重ねられていた。我々新聞記者も日が経つにつれ、

「あの現場の状況では、迷宮入りかもしれないね」

「犯人は、北洋の船に乗っているのじゃないか」

と語り合うほどだった、二十日経ち、一カ月も過ぎて、捜査員も疲労の色が濃くなって行ったのだが、二カ月が過ぎた頃、釜石署刑事課に、

「暴力団のN（二十七歳）がパチンコをしている」

と一協力者から電話があった。Nは傷害事件の被疑者として、仙台北署から指名手配されていた。Nは釜石市内の暴力団幹部で、子分もかなりおり、前科もあって、広く知られた乱暴男だった。

刑事がさっそくパチンコ店でNを逮捕し、釜石署に連行、T刑事係長が取り調べをし、夕方五時過ぎの急行列車で仙台へ押送することにした。ところがNは、

「子分からの差し入れや見送りを受けて釜石を発ちたいので、明朝の出発にして欲しい。組の幹部としての体面を作らしてくれ」

と懇願するのだ。そして何と、

「自分の願いを聞いてくれるならいい情報を提供する。それは市役所女子職員殺しだ」

と言うのだ。S刑事課長らは内心驚いたのだが、自分の願いを聞いてもらいたいばかりに出任せを言っているとも思われ、簡単には信用できなかった。そんなやりとりの間に予定された五時の列車には間に合わず、結果的にNの願いが実現する形になった。

このためNは、

「あの事件の夜、俺の子分格になっている後藤覚（仮名）という男が『女の子をやってしまった』と言って慌てていた。俺のほかに二人の仲間が一緒に聞いている」

と漏らした。さらに詳しく聞こうとすると、

「もういいでしょう。本当かどうか知りません」

と口を濁し、もちろん供述調書をとれる状況ではなかった。そのままNは仙台へ押送され、T係長は、Nの話を報告書にまとめて県警捜査課に送り、問題の後藤の身辺を洗うことにした。

後藤は、事件直後、不良少年の一人としてリストアップされたのだが、事件当夜は早く床に

就いたと母親が証言し、シロになっていた。しかし、慎重に後藤の身辺を洗ってみると、事件当夜、町を酔って歩いているのを目撃した人もあり、事実その日の夕方、酔って通行人を追い回すなどして釜石署で説諭されたことが確認され、後藤に対する疑いは拭いきれなかったのだ。

このため、S課長は、T係長を仙台へ派遣することにした。Nから再度、証言を求めようというのだ。仙台拘置所に収容されているNをT係長が訪ねた時、よほど寂しかったのか、喜んで面会に応じた。しかしNは、証言すれば子分を裏切ることになり、

「勘弁してください」

と口をつぐむのだった。

「君のこの間の話は、本当だと私は信じている。人間の生命ほどこの世に尊いものはない。この大罪を犯した人間が、そのまま社会の中に生きている。こんなことが許されていいはずがない」

Nの協力を心から求めたのだ。この真剣な、そして胸に迫る説得に、Nもついに心を動かし、調書作成を了解し、詳しい事情をはっきり証言したのだった。土木労務者だった後藤覚（二十歳）は事件当夜の四月二十二日深夜、Nのところにやってきて、

「いま女の子を殺してきた。もうダメだ。遺書を書きたい」

と口走り、仲間たちに、

「わかりっこないよ。そのままにしておけ」

と言われて思い直し、どこかへ消えた―ということだった。

T係長は、調書を作成して仙台から釜石署へ報告、釜石署は、ただちに後藤の逮捕状の請求を準備した。まず、後藤は半年ほど前に市内の喫茶店で傷害事件を起こしていたので、この事件の令状を請求、Nと居合わせて一緒に後藤の話を聞いたMの証言を求めた結果、ぴったり一致したのだった。

こうして確信を深め、仙台から帰ったT係長を中心に後藤の張り込みを始めた。七月二十三日、土曜日だった。後藤は根浜海水浴場へ行き、酒を飲んでは暴れ、狂気じみた行動を見せていた。自分の犯した罪を紛らわしているのが手に取るように感じられた。T係長らは、ますます確信を深め、翌二十四日朝、後藤を自宅から連行した。午前中は傷害事件について調べ、午後から殺人についてT係長が追及した。しかし、頭から殺人を否定し、強い抵抗を見せた。

ところがポリグラフを使ったところ、急に落ち着きを失い、T係長の厳しい追及に首を垂れ、やがて、

「殺人は、どんな刑を受けるのでしょうか」

と哀願の表情で聞くのだった。

「素直に真実を述べ、心から反省するならば、刑もきっと軽くなるだろう」

と諭すとやがて涙で頬をぬらし、途切れ途切れに、

「悪いことをしました。私がやったのです」

と素直に犯行を自供した。時計は午後九時を回っていた。

その頃私は、署内の異様な空気から容疑者連行を知り、署内で待機していたのだが、官舎で待機していたT署長は自供の知らせに浴衣着のまま姿を見せ、

「高橋さん、締め切りに間に合うかい。ぜひ間に合わせてくれよ」

とニコニコ顔だった。私は隣の消防署の電話を借りて本社のT社会部長に、

「輪転機をストップしてください」

と連絡し、夢中で原稿を書いて電話送稿した。午後十一時過ぎだったので、放送以外はどこの新聞も間に合わず、内心「よかった」と喜んだものだ。

原稿を送り終わって二階の刑事課に行ってみると、全捜査員とも顔を紅潮させて喜びに浸っていた。祝杯の瞬間を写真に撮り、夕刊用に送った。

さて、後藤だが、自供によると、事件当夜酔眼に一人の娘が暗い道を急ぐ姿を認め、辺りに

人の気配もなかったので、急に襲う気になったというのだ。口に手を当てて庭に引きずり込み、首を絞めたらすぐぐったりしたので、乱暴し財布を盗んで逃げたというのだった。

財布は唯一の物証になるのだが、後藤は犯行後に、釜鉄の工事現場のストーブで焼いてしまった。しかし、三つ折りの茶の縞模様だったと述べ、被害者の母親の供述と一致した。これは犯人でなければ知ることのできないものであり、事件立証の大きな支えとなった。

さらに、

「息子は、あの晩早く帰って床に就いた」

と証言していた後藤の母親は、その後の調べで、

「実は、息子は夜中に帰宅した」

と証言を翻し、後藤の犯行は動かし難いものとなった。

後藤は、日雇いの両親と、兄二人、姉一人、弟二人の家庭に育ち、小学生の頃から盗癖があって、中学校卒業後は不良グループに入り、少年院に収容されたこともある、近所でも札付きの不良だった。

「息子の覚はいつも悪いことばかりして、今度の事件でも、息子でなければいいがと思っていた。しかし、いくら悪いと言っても人を殺すはずはないと息子を信じていた。親として情けな

い……」

と涙に暮れる父親が哀れだった。

この事件の解決で、釜石市民の喜びは大変なものだった。警察に対する一部市民の不審もどこかへ吹き飛んだ形だった。後藤は裁判でも犯行を認め、無期懲役の判決を受け、服役した。

昭和36年7月25日（火曜日）

女子職員殺し急転解決

二十歳の土工逮捕

釜石署 三カ月の捜査実る

乱暴して殺す

一部自供 財布も盗んで逃走

六回も非行で補導を受ける

少年時代の斎藤

市民の協力に感謝

自供体は少年店員

草刈り中に転落死

S36.7.25

四　雑貨商夫婦射殺事件

昭和三十九年、東京オリンピックで湧いた年だったが、その年も暮れが押し迫り、歳末助け合い運動も始まっていた。我々は、一年を回顧して「事件その後」などの年末企画や、元日用の特集記事の取材で忙しい毎日だった。

各警察署も歳末取締り、警戒、年末交通事故防止などで、慌ただしいところだった。

北上山系の山あいの村に、残虐な事件が発生した。十二月十八日午前十時頃、下閉伊郡川井村（現宮古市川井）、の雑貨商山田徳次郎さん（仮名・当時五十四歳）、妻マツさん（仮名・同五十二歳）が、一階寝室のふとんの中で、血まみれになって殺されているのを、近くに住む伯父の農業Sさん（当時六十八歳）が見付け、宮古署の駐在所に届け出た。

いつものように宮古署に顔を出した、M宮古支局長が、異様な空気に包まれ緊張した署員のあわただしい動きに、事件を察知し、本社報道デスクに一報を入れたあと、バイクで現場に向かった、

すでに、被害者宅にはロープが張り巡らされ、E宮古署長、T次長らをはじめ刑事課員が現場の検証を開始、間もなく県警本部からF部長刑事、A刑事調査官、H鑑識課長、捜査一課強

行犯係の面々が到着した。

被害者の山田さん夫婦は、血まみれになって死んでいたので、第一発見者は、鋭利な刃物で刺されていると届け出たため、第一報のM支局長のからの原稿も、そのようになっていた。

しかし、十八日遅くになって実況検分、死体検案が進むにつれ、被害者は、猟銃で至近距離から射殺されたことが分かった。

特に現場には猟銃は見えず、犯人が所持していることは確実と思われた。捜査陣は緊張、厳重な手配がなされた。

県犯罪史上でもまれに見る凶悪事件の舞台となった、下閉伊郡川井村の山田さん宅は、川井村の中心部から二キロほど離れた集落の道路沿いにあった。近くに家が六、七戸点在し、山あいの不便なところだった。

駐在所に特別捜査本部が置かれ、現場—宮古署—県警本部に無線、有線の通信回線が敷設された。川井村には、旅館が二、三軒あるだけで、その旅館は警察、報道陣でたちまち満室となり、あぶれた新聞社は、役場の一室を借りるという有様だった。

我々の社では、M宮古支局長のほか、本社から当時、「軟派」のデスクだった私と、警察担当記者のT記者、Hカメラマン、N連絡部員、無線カーが出向き、小さな旅館を基地にした。

どこの新聞社でも一線及びデスクは、「硬派」「軟派」に分かれ、「硬派」は、政治経済、「軟派」は警察、厚生福祉など社会関係を担当していた。事件は「軟派」の仕事であった。

のどかで、静かな村に起きた大事件に村民の驚きは大きく、しかも四、五十人の報道陣がどっと乗り込んで、一斉に取材合戦を開始したため、仕事も手につかないようすだった。それにも増して、猟銃を持つ凶悪犯人がどこに潜んでいるのか、不安は募るばかりだった。

さて、現場の状況だが、山田さん夫婦は、十七日深夜に殺害されたものと見られ、犯人は裏口から侵入、夫婦を射殺後、タンスなどを物色した形跡があった。しかし、現金二十七万円が、タンスなど数カ所に残されており、物盗りか、恨みによる犯行か、判断に迷うところだった。

犯行のあった十七日、新雪の上にミゾレが降ったのだが、山田さん宅の裏口から道路までの間にゴム長靴の鮮明な足跡があり、しかも侵入口を探した風もなく、道路から裏口に向かって、ためらいもなく歩いて行っている。したがって、物盗りにしては、勝手知ったる歩きぶりで、この点は不審だった。

山田さん宅は、木造二階建てで日用雑貨、酒類などを販売、長男、長女とも村外の高校に入って下宿しており、事件当時は夫婦二人暮らしだった。

この地区は、戸数四十戸、ほとんどが親類関係で、争い事もなく、山田さんは地区民の面倒をよく見て信望も厚い有力者だった。山林約百ヘクタールを所有し、木炭の仲買もしていて、地区指折りの資産家でもあった。

犯人は猟銃を持つ男―捜査本部は第二の事件が起きない前に、是が非でも早期検挙しようと、大がかりな捜査を展開した。

見知らぬ男が地区内に入り込まなかったか、自動車の出入りは、駅、バス、タクシーなどの聞き込みが進められ、それと平行して猟銃所持有資格者の洗い出しが急がれた。

村内では、七十五人が狩猟許可を持っており、その中から山田さんと繋がりのある者をリストアップし、事件当時のアリバイ捜査が続けられた。

なにしろ十二月下旬である。寒風が吹き、道路もコチコチに凍って、二時間も聞き込みをして歩くと、体の芯まで冷え切って、捜査員は大変だった。地区民は炊き出しをして協力、積極的に情報を提供して、一日も早い犯人の検挙を願っていた。

それというのも、日頃地区民に尽くしてくれた、山田さん夫婦を殺した犯人に、強い憤りを持ったのは当然であろう。その上、一夜にして両親を失い、涙も枯れてうなだれる高校生の兄妹の姿を見て、犯人への憎しみを募らせる心情も、理解できるのだった。

さて、我々報道陣も、激しい競争を繰り広げていた。県民注視の大事件の報道合戦に、遅れを取ってはあまりに目立ちすぎ、第一読者に申し訳が立たない。しかし、何しろ人口はまばらなのに面積は広い川井村とあって、取材ははかどらず、気があせるばかりである。いつ、どこで、事件が急転直下に解決するかわからない。警察の捜査はどこまで進んでいるのであろうか。他社が有力情報を握ったのではなかろうか。こうした不安は、いつの大事件でもそうだが、頭から離れない。

本社からは、

「捜査一課の動きがただ事でない。何か事件の進展があったのではないか」

などと言ってくる。だからと言って、捜査本部にストレートに当たって、取材しようとしても、Ｆ部長刑事あたりは、

「まだ初動捜査の段階ですよ。基礎を固めないことには…」

といった調子で、軽くいなされるのがオチである。そこで、こちらも捜査本部の動きに注意しながらも、地区民に直接会って、事件に結びつく話を聞いて回る。

「十七日の夜、自動車の走る音を聞きませんでしたか」

「猟の好きな人と、山田さんは交際がなかったでしょうか」

といった点を取材するのだが、大抵は、

「さあ、わがらながんすな」

という答えが返ってくる。

一人が川井村の中心部、一人は山間部方面を担当し、互いに無線機で連絡を取りながら、取材していた。午後四時には日が暮れてしまい、夜間に取材するのはほとんど不可能だった。

捜査本部は、記者会見には応ずるのだが、記事になるような事実は発表しない。気心の知れた刑事の言う、

「いい線はないな」

の一言を信じて、「捜査は難航」と一応原稿をまとめ、旅館の電話を借りて本社へ送るのだが、翌朝の他紙の記事がどう出るか、内心不安でたまらない。

原稿を送り終わって、翌日の取材を打ち合わせる。これが終わるのはまず夜十時過ぎである。寒風吹き込む古ぼけた旅館の一室で、コタツに入っているうち、いつの間にか眠ってしまう。

我々が泊まった旅館には、住み込みのお手伝いさんらしい仕事をしているのは、女子中学生だった。小国の出身とかで、旅館の仕事を手伝うかたわら、昼は中学校に通っていると言い、朝早く起こされるのには閉口した。なかなか活発な娘で、

「コレッ、新聞記者。起きろ。早く！」

と、枕元に立って怒鳴る。早く宿泊客の布団を片付け、食事を出してしまわないと、学校に遅刻するというので、起きないわけにはいかない。おかげで、午前七時頃には、取材に出かけることになる。

世の中、うまくしたもので、朝早く宿を飛び出す我々の姿を見て、旅館の筋向かいの商店主が、M支局長を呼び止め、

「新聞記者がこんな朝早くから働くとは知らなかった。仕事の熱心さはたいしたものだ。あんた方は信用できそうだから、情報を教えよう」

と言うのである。

M支局長は、その家の座敷に招じ入れられ、村内でひそかに流れている話を聞かされた。

「川井の中心地に製炭業のYという若者がいる。粗暴な男で、猟銃も所持している。山田さん夫婦を殺すような者はY以外にない」

と言うわけである。そして、

「明日の新聞へこのことを書いてくれ。頼みますよ」

と念を押してくる。情報はありがたいのだが、これだけで記事にするわけにはいかない。M支局長は、そのわけを説明して退散してきたが、Yについては、少しは気になるのだ。

こうした場合、人の噂にのぼるような男が犯人だった例はまずない。私も、

「一応洗ってみてもいいが、まずダメだろうな」

と言ったが、M支局長は、

「あの商店主は、村内でも信用があり、有力者でもある。しかも、とても真剣な話しぶりだった」

と言って、Yに固執した。これは事件後三日目のことだった。

ところが、被害者宅近くの人からもYのことを聞き、村役場でもチラリとYについて、同じような噂を聞いたのだった。

しかし、事件のあった地区には、薪炭関係の遠くからの労務者が、かなり入っていて飯場もあり、これらの人たちが、山田商店を利用していたこともあって、簡単にはYだけ焦点を絞るわけにはいかない。

単に素行が悪いとか、粗暴な性格だというだけでは、新聞記事にすることはできない。やはり事件、あるいは被害者と結びつく何かが無ければならない。

ところが驚くことに、警察担当のT記者がYと被害者が結びつく、ある事実を聞き込んできた。

事件当日の十七日、山田さんが、川井の日通宮古支店川井営業所に立ち寄った際、

「Yから木炭を買うことにし、この間十五万円を支払ったが、約束の日までに木炭を届けて来

ない。今日Yの家に行ったが、父親しかおらず、しかも売買契約した覚えはないと言われた。ひどいやつだ」

と言って憤慨していた—と言うのだ。

このことを聞いて、私もようやくYに大きな疑念を持った。M支局長はその時すでにYの家を確かめ、Yについての情報をかなり収集していた。木炭取引の話を伝え、M支局長とともにYの家に向かった。「やっぱりそうか」と思うとともに、「今日中にも任意出頭を求めるのだろうか」と急に心配になった。家人に聞くと、Yは留守だった。それから、二、三時間後だったと思うが、M支局長が、

「Yが自宅の新築工事現場にいた」

と連絡してきた。本人に直接会って聞くのは、真犯人だった場合、余計な知恵をつけ、時には捜査妨害になることもあり得ると思ったが、噂がこんなに広まり、もし真犯人でなかった場合は、ある意味で「さらし者」になってしまう、と考えられたので、一応接触することにした。

M支局長と二人で新築現場に行くと、やせ型の二十五、六歳の目の大きい若者が一人いた。M支局長が、

「あんたがYか」

と問うと、あっさり、

「俺だ。何の用だ」

と答え、新聞者の者だと言っても、別に嫌な顔もしない。

「単刀直入に聞くが、山田さんの事件で、あんたが噂になっている。どうなんだ？」

とズバリ聞くと、急にキッとした表情になり、

「そんなことを言うヤツは誰だ。確かに俺には猟銃がある。だけど人は殺さないよ。俺のことをいいふらすヤツは、新聞社だろうが、誰だろうが、ぶっ放してやる」

とまくし立て、我々をにらむのだった。

これ以上は話にならないと思い、Yと別れたのだが、私の印象では、Yはやりかねない男だな、と思った。M支局長も、

「かなり臭いな。現場と結びつく材料が欲しい」

と言うのだった。しかし、Yの事は伏せて、「事件に薪炭売買がからんでいる。事件当日怪しい男…」

という原稿を本社へ送ったのだった。

事件の被害者である山田さん夫婦の葬儀も済み、一応村民も落ち着きを取り戻してきたのだ

が、犯人の割り出しはなかなか進まなかった。

被害者と木炭取引をする約束で、十五万円を受け取り、木炭を届けなかったことから、Yに対する疑惑は募るばかりなのだが、犯行現場とAを結びつける決め手は、何一つない。

Yは村一番の猟銃の名手、弟の家を新築中で金を欲しがっていた、性格が粗暴―ということも分かったのだが、どうしてもそれ以上進まない。事件後四日目になると、

「どうもYの仕業らしい」

という噂が村内に知れ渡り、各新聞社ともYに絞って取材を開始した。本人と面会をして顔写真を撮ったり、あるいは猟銃を持たせて写真を撮ったりする社まであった。もちろん「逮捕」に備えての取材だったのだが、激しい取材競争とは言え、人権上から見て行き過ぎではなかろうか、と思ったほどだった。

ただ不思議だったのは、Yがどうして各社の取材に応じたのかということだった。その心理が理解できなかった。後で、このことをよく考えるべきだったと反省したのだが、とにかく、噂は噂を呼び、もしYがシロだったらどうなることかと、空恐ろしい気さえした。

さて、捜査本部では、Yを含めて広範な捜査を展開していた。村内に入り込んでいる山林労務者、被害者の山田さんとの交友、取引関係者など、一人一人洗っていた。午後八時過ぎから

毎夜、捜査会議を開いて検討したのだが、情報を分析して最後に残るのは、Yについての情報だった。

木炭取引、猟銃の名手—どうしても気になる点だった。木炭取引について調べると、確かにYは山田さんから十五万円を受け取り、木炭を渡さなかったのは事実だった。Yが山田さんの自宅で商談した際、居合わせた人があり、詐欺容疑は極めて濃厚だった。

さらにYが、近くに住む大工Bさん宅を訪れ、自分の噂を立てたと言って、

「人をバカにしている。銃に弾を込めた。撃ち殺してやる」

と脅迫した事実もはっきりしてきた。

殺人と結びつく手がかりはなく、事件は長引きそうになって、捜査本部の首脳部にもあせりの色が見えていただけに、この段階ではYに絞って捜査を進める以外は無かった。捜査線上にYが浮かんで以来、その周辺を徹底的に洗ったのだが、結局、別件逮捕でいくか、殺人と結びつく決め手が見つかるまで待つか、どちらかであった。

この時点が、警察首脳部の苦しい時だ。このまま時間を空転させれば、もし証拠を隠していても、煙滅されてしまう、というマイナス要素もあるのだ。長時間にわたる捜査会議の末、詐欺、脅迫の容疑でYを逮捕することに決まった。

殺人について、誰もが確信を持ったわけではなかった。直接Yと面会した捜査員の中には、平然と応対するその態度、新聞記者の取材への応じ方などから見て、二人を射殺した犯人とは、どう見ても思えないと言う人たちもいた。

しかし、事件発生後、一週間目の十二月二十三日未明、警察は強制捜査に踏み切ることにした。詐欺、脅迫容疑逮捕状を準備したのである。

H刑事課長ら十人が第一班、T防犯係長ら五人が第二班として、第一班はY―即ち川井村川井製炭業山本定雄（仮名・二十五）の自宅、第二班は、山本が近くの製炭小屋にいると予想して、その小屋に向かうことになった。宮古署を午前四時に車で出発、県道から分かれて坂道を登り、山本宅手前で車を降り、表入口に向かったのだが、ここで皆ぴたりと足を止めた。

山本宅では、猟犬を飼っており、捜査員の足音を聞いて吠え出すことが予想されたのだ。もし犬が吠えれば、山本が捜査員に銃口を向けることが十分に考えられ、足を止めざるを得ない。指揮者のH課長は、自分が先頭に立って踏み込もうと決心し、撃たれた時はそれまで…と覚悟を決めて山本宅の戸をたたいた。犬はなぜか吠えなかった。

奥から誰かが起きてきた。次にパッと電灯がともったのだが、この瞬間、一行は身を伏せたという。銃口が火を吹くとすれば、この時と考えたからだ。

しかし、応対に出てきたのは山本の父親で、山本は製炭小屋に泊まっているということだった。この時、「被疑者が不在で残念」「ああ撃たれずに済んだ」と捜査員は複雑な気持ちだったようだ。

この頃T係長ら第二班は、恐らく山本は自宅にいるだろうと思いつつ、一応製炭小屋へと急いでいたのだが、H課長は、

「第二班が危ない。きっと山本は山に銃を持ち込んでいるに違いない」

と思い、第一班は山本宅を出るやいなや製炭小屋を目指し、第二班の後を追って急いだ。

小屋に着いてみると、すでにT係長は山本と話し込んでいて、まずは無事だった。令状も執行していなかった。H課長は、ほっと胸をなで下ろして山本と世間話をし、やがて、

「お前さんに聞きたいことがある。川井へ行こう」

と促した。山本は素直に応じた。製炭小屋で令状を執行しなかったのには、わけがあった。小屋から県道までの間は、急な山道で、途中に崖があり、逮捕、連行の場合、崖から飛び降りられたり、誰かを突き飛ばしたりする恐れがあったからだ。この辺は、冷静な判断だったと言えるだろう。山本とともにジープに乗り込んだところで、令状を示し、執行したのだが、山本は一瞬顔をこわばらせ、詐欺、脅迫容疑と知って、

「この程度のことで俺を逮捕するのか」

と言った。殺人・強盗でなくてよかったと思ったのか、あるいは、この容疑ならばたいしたことはないと思ったのか、知る由もない。

捜査本部のこの暁の逮捕劇を、我々は事前に知ることはできなかった。捜査は長引きそうでもあったし、本社での本務もあったので、事件四日目に私は盛岡に帰っていた。M宮古市支局長は、一週間にわたる「川井生活」で疲れ、前日夕、宮古の支局に帰り、この朝六時過ぎに宮古署に立ち寄り、山本の逮捕を当直署員に耳打ちされて、初めて知ったのだった。

その直後に、山本を乗せたジープが本署前に到着、下車するところを写真に撮ることができた。全く運がよかったわけで、これが特ダネ写真になった。

ところが写真は撮ったものの、肝心の写真電送機を川井村の旅館に据え付けたままだったので、慌てた。私はM支局長から連絡を受けて、ただちに川井村のH写真部員に連絡し、電送機を宮古支局に移動させ、その間にM支局長は、現像、焼き付けをし、逮捕の模様などを原稿にして、夕刊に間に合わせた。「けさ容疑者を逮捕」「村内の製炭業山本」の大見出しで、記事と写真が、社会面トップに六段抜きで報ぜられた。我々は、別件とは言え、捜査本部が逮捕に踏み切ったのには、殺人、強盗にかなりの確信があったものと判断し、大きなスペースを割いて報道したわけである。捜査本部のその「確信」はいったいどういうものなのか、何とか知りたいと考え、手を尽くしたが、その時点では、捜査本部としても物証はもちろん、犯行と結びつく資料は一つもなかったようである。

それだけに、捜査本部の立場は苦しかったわけで、全ての望みを逮捕直後から始まった山本宅の家宅捜索と本人の取り調べに賭けたのだった。H課長が直接、山本の取り調べに当たったのだが、山本は詐欺、脅迫の容疑事実のうち、脅迫については、簡単に認めたが、詐欺についてはは全面的に否定した。

「山田さんの顔は知っているが、木炭取引の話をしたことも、金を受け取ったこともない」

ときっぱり言い切るのだった。二十三日は、逮捕状の容疑についてのみ調べ、二十四日はポリグラフを使って調べた。凶行のあった山田さん方の見取り図を示し、犯人の侵入口、凶行のあった部屋などについて、反応を見たが、グラフの針は平行線をたどり、犯行を思わせる反応は現れなかった。

H課長は、ポリグラフの反応、落ち着いた態度などから、あるいは山本はシロではないかと思ったほどだった。万一シロだったら…と思う時、目の前が暗くなるばかりだった。

こうして思い悩んでいた時、調べ室の電話が鳴った。この日、二回目の家宅捜査に行った捜査員からだった。

「課長、被害者宅の書類袋を山本宅の天井裏から発見しました。間違いありません」

遂に待ちに待った朗報が飛び込んできたのだ。飛び上がって喜びたいのをじっと押さえて、

「ご苦労さん」

とだけ言って受話器を置いたのだった。

問題の袋は、大工さんが使うズック製の釘入れの袋に、山田さんが書類や現金を入れていたもので、この袋が盗まれているのは、親戚の人たちの証言で分かっていたのだ。この袋は、山本宅の天井裏にカモシカの皮をかぶせて、隠されていたのだった。袋の中には東京オリンピック当時売られた、記念の千円硬貨が入っており、袋には山田商店の名も記されていた。

この決定的な物証を握って、調べが再開された。

「お前の家には、オリンピック銀貨があるかね」

「ありません」

「山田商店の袋は」

「そんなものあるはずないでしょう」

「もしあったらどうする」

「ないものはない。あったらと言ってもその時は仕方ないな」

といった問答が繰り返されたのだが、山本は天井裏に隠したので、絶対発見されないと確信していたようだ。しかし、調べのようすから、あるいは発見されたのかも知れないと、内心不安だったのであろう。

こうなっては最後の方法を…とH課長は袋を持って来させて、

「これがお前の家の天井裏にあった。どういうわけだ」

と問い詰めたのだ。この瞬間、山本は絶句し、首を垂れた。

「山田さん夫婦をやったのは、山本お前だろう」

と言うと、ここで初めて観念し、かすれたような声で、

「申し訳ありません。私がやりました」

と犯行を認めた。

「山本が犯行を自供」との報は、ただちに捜査本部から県警本部へ、そして各捜査員にも伝えられた。各署員が躍り上がって喜んだのは言うまでもない。

我々も喜んだ。大々的に山本の逮捕を報道した責任もあり、山本の自供で心から安心したのだった。

山本はこのあと犯行の動機、その模様などを素直に自供したが、涙一つこぼさず、冷酷なまでに淡々と述べるのだった。ただ人間らしいと言えば、

「家に残っている妻子が心配だ」

と語ったことだけだった。そう言えば、山本の家庭は両親、妻、子ども二人と弟の七人暮らしだった。青森県出身で、両親と共に製炭に従事して各地を転々とし、五年前から川井に住み着き、弟とともに製炭に従事、時には木炭の仲買のようなこともしていた。

余技としては、猟好きで、銃の操作がうまく、村一番の名手として猟仲間では知られていた。しかし性格が粗暴で、評判が悪く、他から転入してきたこともあって「よそ者」として扱われ、孤独な日常だったようだ。

それでも山本は弟思いだったらしく、弟の家を近くに新築することにし、建前までしたのだが、大工に払うお金が無くて困っていたのだった。

取り調べに対して、犯行の動機を木炭詐欺で訴えられそうになり、これを隠そうと思って計画したと述べた。山田さんと木炭七百俵の売買契約をして、十五万円を受け取ったものの、家の新築に回してしまい、もちろん木炭も無く、このままでは、警察に突き出されると思い、「殺してしまおう」と決意したと言うのだ。

犯行当日の十二月十七日、ハンター仲間と自宅で夜八時頃まで酒を飲み、家人も寝た同夜十一時半頃、バイクで尻石集落へ向かい、山田さん方のかなり手前の道端にバイクを置いて徒歩で行った。

十八日午前零時半頃、山田さん宅の裏口から侵入、二人を至近距離から射殺した。寝室内にあったズック製の袋を盗み、タンスを物色したが、部屋の中に立ちこめる硝煙と血の臭いで、とても居たたまれず、畳の上に転がっている薬莢を拾って山田さん宅を飛び出し、逃げ帰った―このように犯行の模様を自供した。

山本は、単発銃を使ったのだが、妻を射殺し、さらに弾を詰め替えて山田さんを射殺したその早業は驚くほど素早かったことが判明した。

また、逮捕前に新聞記者からの面会に応じたのは、逃げ隠れすれば、疑いが強まると考えたためだった。山本の自宅から、猟銃はじめ被害者の血液が付着しているとみられる山本の着衣も発見され、事件後八日目に全面解決したのだった。

山本は、強盗、殺人、詐欺、脅迫、住居侵入罪に問われて盛岡地検から起訴され、四十年八月九日、求刑通り死刑の判決を言い渡された。裁判長は、判決公判の中で、

「自分の犯した詐欺が発覚するのを恐れて、夫婦を射殺した犯行は大胆不敵で、平和だった山

村に与えた恐怖と不安は大きい。しかも犯行後、周囲の人々を脅迫するなど、反省の色は全く見られず、情状酌量の余地はない」

と厳しく述べたのだった。

山本は、この判決を不服として仙台高裁に控訴したが、昭和四十二年九月十一日、同裁判長は、控訴棄却を言い渡し、死刑が確定した。

昭和39年12月19日 (土曜日) 2版

雑貨商夫婦 殺される

川井村 小国

二人暮らし、熟睡

現場に足跡 犯人は土地

惨劇のあった山口さん方の家

四月から幼稚部

県立ろう学校に開設

雪で山田線に落石

死者五人に

佐々木は精神異常

S39.12.19

五　一本木の交通殺人事件

昭和三十年代後半から四十年代前半は、交通戦争激化の時代だった。増え続ける車に対し、道路、それに伴う安全施設の整備が追いつかず、連日悲惨な事故が相次いだ。交通犯罪も急激に増加し、広域化の一途を辿っていった。一般犯罪も車を使ってのものが日常化しつつあり、取締当局もその対応策に力を注いでいた。

そうした頃―昭和四十二年九月十七日朝、岩手郡西根町の農業Y・Hさん（当時三十三歳）が、岩手署の駐在所に夫の三郎さん（当時三十五歳）の捜索願を出した。

「十五日から帰宅しません。滝沢村の一本木で十五日夜、酒を飲んでいたらしいのですが…」

と言うのだ。

岩手署で一応足取り捜査をしたところ、三郎さんは、盛岡市内の建設現場で労務者として働いていたのだが、十五日の八幡宮の秋祭りの祝い酒をご馳走になって帰ったと言うのだ。その後、一本木のI食堂でさらに飲み直しているうち、労務者風の二人連れの男と口論し、午後十一時頃、食堂を出て近くの渋民タクシー営業所に立ち寄り、

「今、I食堂でけんかをして来た。警察に知らせてくれ」

と行って立ち去ったことが分かった。タクシーの営業所では、かなり酔っていたので取り合わなかったということだった。

タクシー営業所に立ち寄ってからの足取りはぷっつり途切れてしまった。岩手署は、行方不明になった場所が盛岡署管内だったので、ただちに連絡し、合同で捜査することにした。というのもI食堂で三郎さんと口論した男がいたことから、あるいは、刑事事件に発展する可能性もあると判断したためだった。

ちょうど十七日は日曜日だったが、盛岡署からS刑事課長、A同一係長ら全刑事が出動し、一本木付近の聞き込みをした。その結果、I食堂で、三郎さんと口論した二人は、三郎さんより先に車で食堂を出ていることが分かり、無関係であることがはっきりした。

我々報道関係者も午後から現場に出かけたのだが、口論した揚げ句に傷害沙汰―の線が消えた以上、泥酔してどこかで行き倒れになっているものと見て引き揚げたのだった。A係長らも、

「かなり酔っていたようだから川にでも落ちたか、崖から落ちているかも知れないな」

と言っていた。

翌十八日、大がかりな捜索が行われた。K盛岡署長、S部長刑事の指揮で県警本部、盛岡署、岩手署から約百人が一本木―大更間の道路沿いに捜索した。午前中は全く手がかりはなく、午

後も引き続き道路沿いのヤブの中、雑木林、松川など、つぶさに捜した。

A課長は、一本木の自動車運転免許試験場から約二百メートル北に寄った道路端に立って遠ざかっていく捜査員の後ろ姿を見ながら、

「この一本道で、一人の人間が消えてしまった。消えるとすると何が考えられるだろう」

と自問自答し、ふと足元の側溝に視線を落とした。側溝と言っても土を掘り下げただけのものだが、そこに古ぼけたゴム長靴の片方があるのに気が付いた。何気なく手に取り、いつ捨てられたものだろうと考えた。かなり履き古したもので、長いこと風雨にさらされていた感じだった。

素人ならば、ここでかなり古いものだから事件に関係ないと思い、ポンと放り出すところであろう。刑事畑一筋に生きてきたA係長は違っていた。長靴の中を嗅いでみたのだ。強い悪臭が鼻を突いた。

「あっ、これは、つい最近まで誰かが履いていたものだ」

と直感したのだ。近くにいた機動捜査隊主任のK部長刑事にゴム長靴を三郎さんの家人に見てもらうように依頼した。さらに側溝を注意深く観察したところ、自動車の車輪がはまり込んだような形跡があるのだ。

一時間もしないでK部長刑事が緊張した表情で帰ってきた。

「係長、三郎さんが履いていた長靴に間違いありません。妻のHさんに確認してもらいました」という報告だった。俄然色めき立った。鑑識課員が呼ばれ、捜査班の一部も集結して、この側溝付近の調査が開始された。

ちょっと気が付かなかったのだが、側溝から少し入った頭上の木の枝に、残る長靴の片方が引っかかっているのが発見され、灰おろしを使って付近一帯の土砂を調べた結果、塗装片らしいものも見つかった。

この時点で、三郎さんは車にはねられ、どこかに運び去られたものと推定され、自動車運転免許試験場に特別捜査本部が置かれた。

翌十九日は早朝から車で運び去られた三郎さんの捜索が大々的に繰り広げられた。一本木周辺は、人家も少なく、岩手山麓の広大な原野が広がり、雑木林あり、草むらあり、川もあって、ここから一人の人間を捜し出すことは、気の遠くなるような大仕事である。しかも車が使われているのだから、一本木周辺とは限らない。捜査本部は、刑事、交通、機動隊を総動員して徹底的な捜査を続けた。

一方では、塗装片から車種の割り出し、聞き込みによる当時の通行車両の特定も急がれた。

我々も県下初の交通殺人の疑いが濃いと見て警察担当のS、N記者を現場に常駐させ県警本部、盛岡署にU記者を置いて取材に当たった。

そうした矢先、大更駐在所に西根町内の二人の青年が、

「新聞で行方不明になっている男のことを知ったが、私たちが目撃したことが関係あるのでは…」

と言って情報を寄せて来た。二人が目撃した事実というのは次のようなものだった。

—さる十五日午後十一時頃、釜石市から大更に乗用車で帰る途中、私たちの車の前に自衛隊一本木駐屯地裏門付近の路地から乗用車が飛び出し、時速百キロぐらいの猛スピードで走って行った。その車はジグザグ運転だったので、二人で
「酔っぱらい運転のようだが、事故を起こしそうだな」

と話し合って進むうち、運転免許試験場を過ぎて間もなく、その車が側溝に前輪を落とし、向きを道路と直角になった形で止まっていた。その脇に男が一人倒れていた。車には二人の若い男が乗っていた。車種は、マツダルーチェか、トヨペットクラウンのようで、薄ネズミ色だったと思う—

極めて重要な証言だった。と言うのは、時を同じくして現場から薄ネズミ色の塗装片が発見

され、側溝の車輪の痕跡とも合わせて現場と証言内容がピッタリ一致したわけである。現場からはアンテナの部品らしいものも発見され、この時点で捜査本部は、県下各署に自動車修理工場をチェックするよう手配した。さらに、塗装片を鑑定の結果、新しい技法のメタリック塗装で、マツダルーチェに採用されていることが判明した。

こうした捜査の進展に対し、我々報道陣の取材はやや水を開けられていたようである。マツダルーチェやトヨペットクラウンらしいという両説のほかに水色、薄ネズミ色の両説もあり、自動車販売会社に当たるにも材料不足で、壁に突き当たった感じだった。しかもデスクだった私の見通しも甘かったようだ。私は、警察は恐らく塗膜片から車種を割り出し、購入者を全部リストアップして一台一台つぶしていって運転者を割り出すだろうと予測したわけで、一気に犯人を割り出すとは考えなかった。

二十一日朝、私は台数の少ないマツダルーチェをまず洗っておこうと考えて仙北町のマツダオート岩手に電話を入れて新型のルーチェの購入者の名簿を聞いた。県下で三十人あり、現場に比較的近い者として、松尾村の杉村初太郎（仮名）の名前があった。そこでMについて身辺を洗おうとしたところへ現場のS記者から、

「二人組の片割れが逮捕された。車は県北沿岸の町にあるらしい。県警本部捜査一課長次席の

T警視らが県北の町に向かった」

という電話だった。

私は「しまった」と思った。もう加害車両の割り出しなどという段階ではない。「急転解決へ。犯人の一人逮捕」の原稿を夕刊二版へぶち込むのが精一杯だった。同時に久慈支局のA記者へ連絡し、沿岸の町に向かってもらった。T次席の一行に遅れないように祈りたい気持ちだった。

捜査がこのように急に進展したのは、捜査員の見事な聞き込みによるものだった。盛岡署のO係長ら刑事畑のベテランが指揮する刑事たちが矢継ぎ早に有力情報を入手してきたのだ。問題のマツダルーチェが自衛隊裏門付近の路地から飛び出してきたという目撃者の証言からこの付近の飲食店を聞き込んだ結果、杉村（仮名・二十二歳）と田川（仮名・二十六歳）の二人が浮かんできたのだ。玉山村の杉村の知人からも当日（十五日）薄ネズミ色の車を乗り回していたという情報があった。

二十一日午前、自宅にいた田川に任意出頭を求め駐在所で取り調べたところ、田川は、

「杉村の車に同乗して一本木から松尾村に帰る途中、人をはねた。車に乗せて県北の町に向かう途中、死体を捨てた」

と自供、ただちに殺人、死体遺棄容疑で緊急逮捕された。田川の自供で、車は県北沿岸の町

の修理工場に入れたことが判明したので、久慈署に手配するとともに主犯の杉村の所在が不明なこともあってT捜査一課次席らがその町へ急行、同町F板金工場で、加害車両を発見した。

一方、死体を国道四号線沿いの草むらに捨てたと言うので、K盛岡署長、S部長刑事らが田川を連行して死体捜索に向かった。一行の後に報道陣の車が続き、大変な車の列となった。S刑事課長らに両腕を抱えられた田川は、

「この辺に捨てた気がする」

と述べ、その都度、停車して捜すのだが死体は発見できず、やがて二戸市金田一の県境も過ぎて青森県に入った。ガードレールのある道路の草むらに投げ捨てたと言うのだ。夢中だったのと夜中でもあったので、田川自身もはっきり場所を特定できなかったようだった。かなり時間も経過し、暗くなったのだが、青森県南の町内の道路下五メートルのところに自転車が投げ込まれているのを捜査員が見付け、さらにその下方の用水路に男の死体があるのが見つかった。田川は、この状況を見て泣きだしたのだった。

さらに、主犯の杉村の行方だが、田川の供述から東京方面に向かったことが分かった。ただちに立ち回り先に手配したところ、二十一日午後十時、川崎市内に住む会社員の叔父宅で酒を飲んでいるところを管轄署の刑事二人に逮捕された。杉村はあっさり犯行を認め、抵抗もしな

かった。杉村は同夜、管轄署に留置され、二十二日早朝の上野発急行「第一いわて」で押送され、午後二時過ぎ盛岡署に着いた。

「杉村逮捕」の報は、共同通信社から我々の社にも流され、急行「第一いわて」に東京支社編集部のT記者が乗り込んで、押送途中の杉村と一問一答をした。杉村はこの中で、

「川崎に来たのは、逃げたのではない。叔父のところに遊びに来たのだ」

と強がって言っていたが、語っているうちに罪の深さを感じたのか、

「世間を騒がせて申し訳ないと思っています。遺族に何と言ってお詫びしたらいいか…」

とうつむくのだった。

こうして事件発生六日目で、ひき逃げ犯罪として県警察始まって以来の凶悪事件は、落着したのであったが、警察のスピーディな捜査と適切な措置は、見事なもので、我々報道陣は、次々に変化する局面にいささか戸惑い、デスク、記者泣かせの数日だった。特に県警の広域捜査体制、機動力に認識を新たにし、我々の取材体制の欠陥を改めて痛感したものだった。

二人の取り調べには、T機動捜査隊長、A盛岡署刑事課第一係長らが当たった。二人は犯行について、次のように供述した。

――十五日杉村の運転する自動車で、盛岡に行き、二、三軒の飲食店で酒を飲み、帰る途中、

滝沢村のバーで飲んだ。そこを出て時速七、八十キロで走っていたが、前をフラフラ歩く通行人を発見した。いったん道路端に寄ったので大丈夫と思ってそのまま進んだが、また道路中央に出てきた。十五メートルほど前方だったので、危ないと思い急ブレーキをかけたが、間に合わずはねてしまった。被害者の後頭部が助手席前のフロントガラスに当たり、道路中央に被害者が倒れて動かなくなった。田川が車に運び込んだ。病院に連れて行こうと思ったが、杉村は免許停止処分中で、発覚する恐れがあり、死体を捨てることにした。県北沿岸に知人がいたので、そこへ車の修理を頼むことにし、青森県南部の町で死体を捨てた。その途中、シートに一万余円の現金が落ちていたので、これを奪った。十六日朝、知人の勤める修理工場に車を入れ、列車で松尾村に帰った。二十日二人で車を受け取りに列車で車を預けた沿岸の町に行ったところ、修理はまだできておらず、杉村はその足で川崎へ向かい、田川は帰宅した――

捜査本部は、三郎さんの遺体解剖所見から車で運ぶ時点では、まだ息があった可能性があり、未必の故意が適用されるとして杉村を殺人、死体遺棄、業務上過失傷害、道交法違反、ぞう物収受容疑で、田川を殺人、死体遺棄、窃盗容疑で二十三日盛岡地検に身柄とも送検したのだった。さらに、二十六日、県北沿岸の町のT（二十一歳）を証拠隠滅の疑いで逮捕した。Tは杉村らとともに三郎さんの運転免許証を焼き、自動車のシートについていた血痕を拭き取るなど証拠隠滅をした疑いだった。

三人は盛岡地裁に起訴され、昭和四十四年四月十六日、裁判長から杉村に対し求刑通り懲役五年、田川に懲役一年、Tに懲役十カ月執行猶予三年の判決が言い渡された。しかし、殺人は立証困難で、検察側も論告求刑の際、予備的訴因として業務上過失致死、保護者遺棄を追加していたので、裁判所はこれを適用して判決したのだった。

この事件は、凶悪な交通犯罪として県民の注目を浴びたが、車、酒の持つ魔性をまざまざと浮き彫

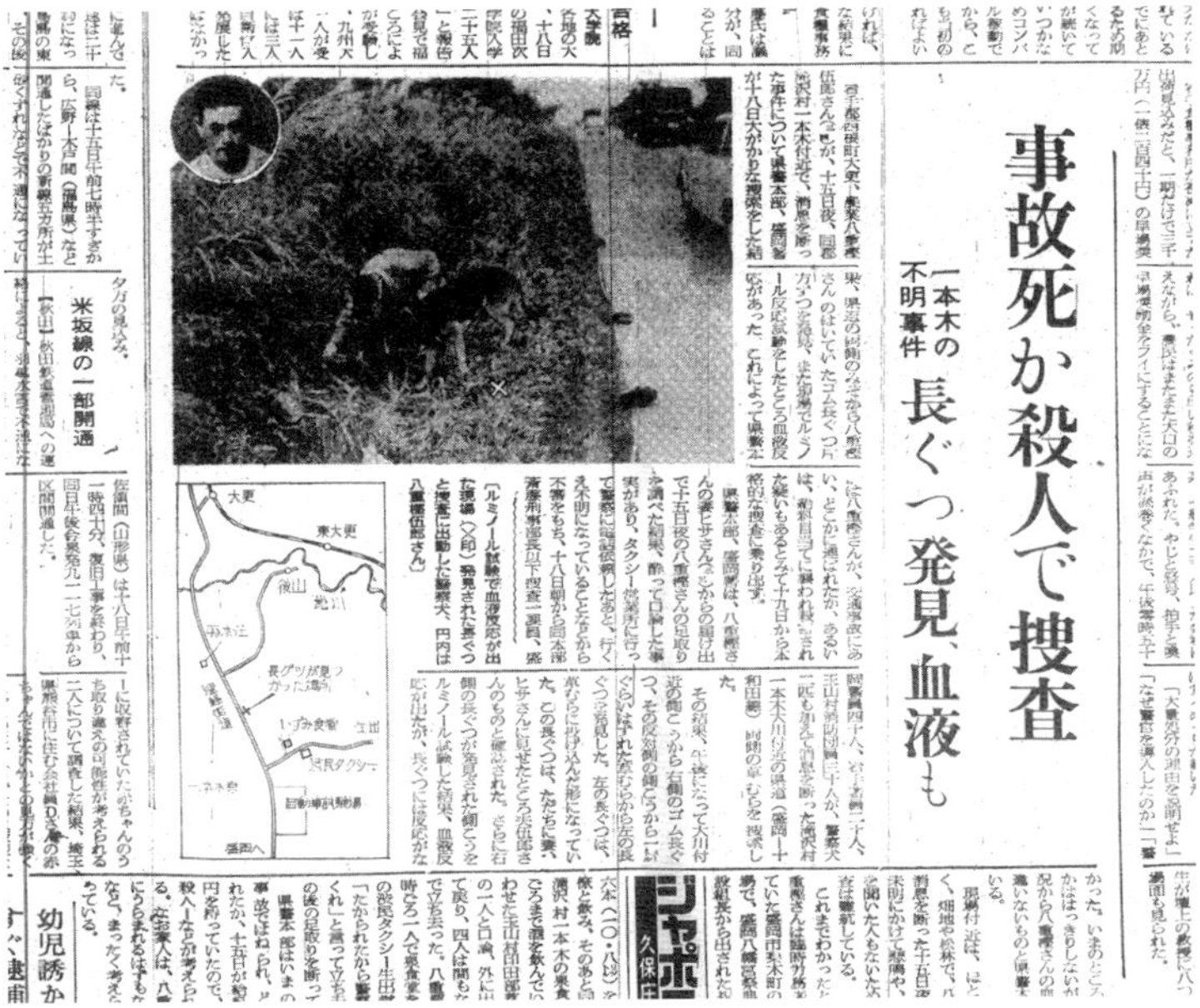
事故死か殺人で捜査
一本木の不明事件　長ぐつ発見、血液も
米坂線の一部開通
幼児誘か

S42.9.17

りにし、人間を狂わせるものとして「車社会」をつくづく考えさせられた。それというのも甘い親が、息子の言うままに車を買い与えていた背景もあったからだった。そして、車を使っての犯罪の広域化が現実のものとなり、この事件を皮切りに多くの犯罪は、広域化し、県警もその対応策を充実させていったのだった。こうした意味でも印象の深い事件であった。

あとがき

三年間にわたる回想録の執筆を終えた。何より戦争の記憶が時間の霧のかなたへ消えてしまう前に文章に残すことができ、安堵している。今、心に浮かぶのは、二つの言葉である。

一つは、「粗にして野だが、卑ではない」という、城山三郎の小説のタイトルにもなっている言葉である。昭和三十八年、三井物産社長から国鉄総裁に就任した石田禮助氏が国会での自己紹介で述べた言葉である。ていねいな言葉を使おうとしても、生まれつきできない、と断った後で、役人にしても政治家にしても、やることが卑しいことがあったりすることが絶えない、と持論を展開したという。三井物産時代に欧米の人たちの生活をよく知り、石田氏自身もスマートで粗野どころでない紳士だった。公職に就く人たちにとっては耳が痛い言葉であったであろう。自分自身、心に刻んできた言葉でもあり、報道人として持つべき矜持、あるいは貫くべき正義があることをこの言葉が教えてくれる。

もう一つは陶淵明の詩、「帰去来辞」の一節「帰りなんいざ、田園将に蕪（あ）れなんとす」である。陶淵明は中国の魏晋南北朝時代の役人であったが、故郷の荒廃を知り、再興したいという思いを詩にした。東日本大震災津波により、岩手県沿岸部の多くが破壊された。さらに少子高齢化や人口の大都市一極集中が岩手県だけでなく、地方の街々を消滅させようとしている。静かなる国家の崩壊である。このような時代だからこそ、マスコミができることがある。特に、震災・津波という絶望的な危機を乗り越え、県民のための報道を行った岩手日報社には、経験に裏打ちされた強靭な記者魂がある。平和な民主国家のために貢献するとともに、地方から日本を再生する道しるべを示す報道を展開し、いっそう世論をリードしてもらいたいと心から期待している。

高橋　孝雄

回想録に寄せて　―父・孝雄について―

子どもの頃、父は真夜中であっても電話が来るとすぐに岩手日報や現場へ向かって家を飛び出して行った。そのまま数日帰らなかったこともあった。極めて多忙なだけでなく、時に危険を伴う仕事でもあり、母は心配の連続だったと思う。しかし、新聞記者、あるいは報道人として、エネルギッシュに働く父の後ろ姿は子どもたちにとって誇らしいものだった。

年月が流れ、父は岩手日報社を退職した。私も社会人となり、戦争中のことやあの忙しかった頃の父はどんな仕事を、どんな思いで行っていたのだろうかと知りたくなり、実家に出向く度に回想録を書いてみては、と提案した。その度に「事件のことを書いたら迷惑をかける」と固く断られた。それからさらに十数年が経ち、バイタリティの塊のようだった父が難病のパーキンソン病と闘うことになった。何としても父のことを知りたい、そして子孫に伝えたいと思い、改めて執筆を頼んだところ、ようやく重い腰を上げた。父と共に回想録を作っていく過程で、最も印象に残ったのは、少年兵時代に上官から「(特攻を) 志願する者は一歩前へ」と言われるシーンである。度重なる空襲でアメリカの圧倒的な戦力を見せつけられ、非力な自分が力になれるのか、お国のために覚悟を決めなければならないのか……十五歳の少年兵の決断は、一歩前に出ないことだった。もし、父がたった一歩、前に出ていたならば極めて高い確率で私も含めて家族はこの世に存在しなかったはずである。

父は戦争を生き抜き、戦後は地方記者として、激動の時代を様々な事件とともに駆け抜けた。戦後七十年を迎え、平和の尊さを改めて伝えたいと父は言う。また、短い期間ではあったが、海軍に身を置いたことで学んだことがあるという。それは、「何があっても屈しないこと、辛抱することだ。釜石時代にはよく『船がひっくり返っても生きて帰ってくるのは高橋さんだ』と言われた」そうである。また、警察担当になったとき、「他社の記者が朝、昼、夕に警察を三度回るなら、俺は五度回る」といったように、東北人としての気概もあったものだという。

この回想録で触れられるのは父の人生のほんの一部でしかないが、私がそうだったように学ぶことは多いと思う。もっと家族のことや闘病のことなども話を聞き、書くべきかとも思うが、別な機会を待ちたい。

長男　高橋　眞司

高橋　孝雄（たかはしたかお）

昭和四年十二月十二日、岩手県稗貫郡花巻町下根子で生まれる。昭和十九年三月、花巻町立花巻国民学校高等科を卒業、同年十一月、十五歳の時に海軍飛行予科練習生（予科練）として愛知県の岡崎航空隊に入隊する。昭和二十年九月に復員、帰郷する。昭和二十七年、岩手日報社に入社、編集局報道部記者、昭和三十八年、報道部次長、昭和四十七年に写真部長、昭和五十一年に報道部長等を務め、昭和五十九年、取締役東京支社長となる。平成二年三月退任、現在に至る。

熱血記者に転身した元少年兵の奮戦記

警察担当記者ならではの岩手の事件簿取材秘話

初版発行日　二〇一五年八月一日
著　　者　高橋　孝雄
発 行 人　高橋　眞司
表 紙 絵　高橋　眞司
発 行 所　㈲ツーワンライフ
〒〇二八―三六二一
岩手県紫波郡矢巾町広宮沢一〇―五一三―一九
☎〇一九―六八一―八一二一
FAX〇一九―六八一―八一二〇
※乱丁・落丁がありましたら送料弊社負担でお送り致します